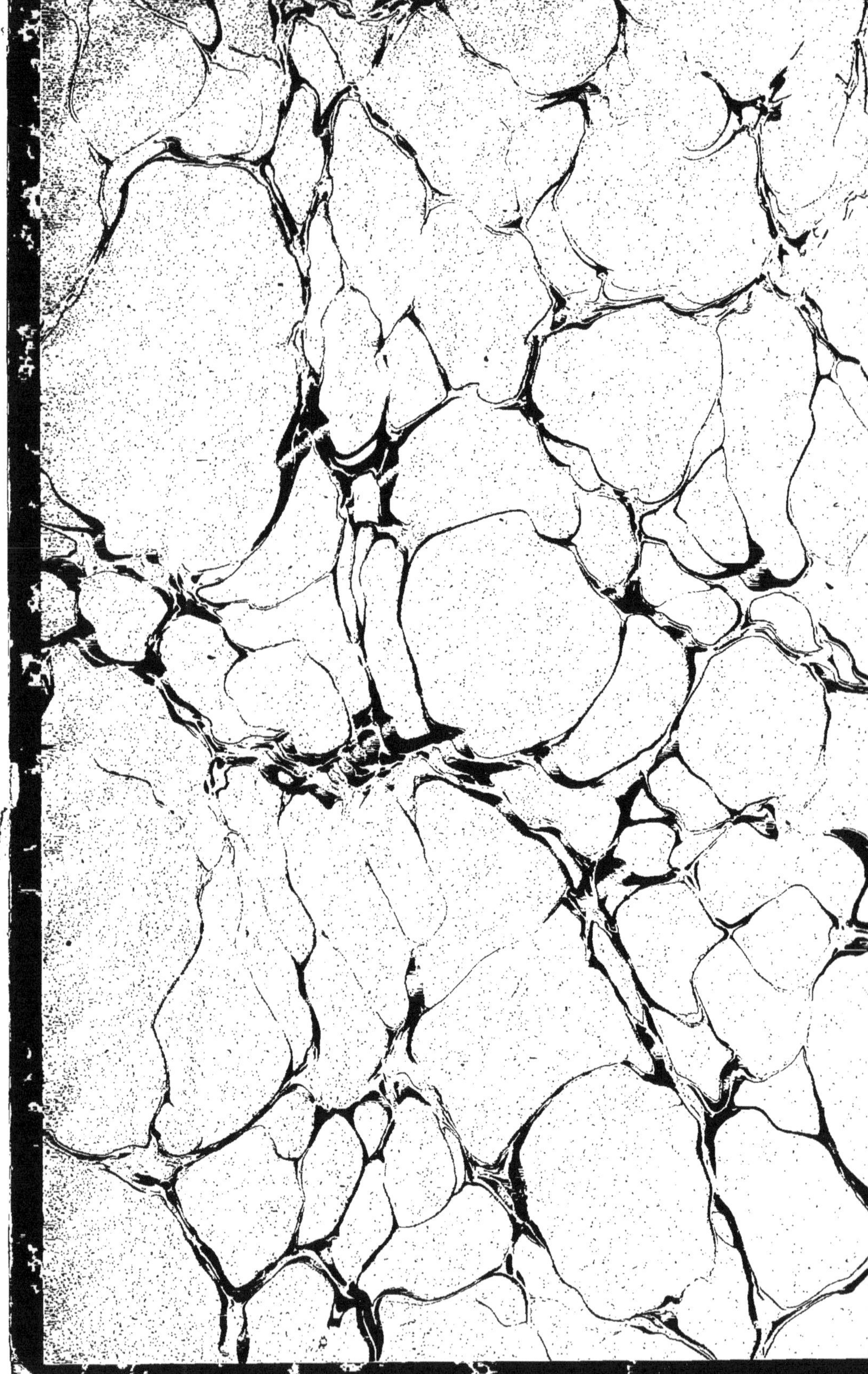

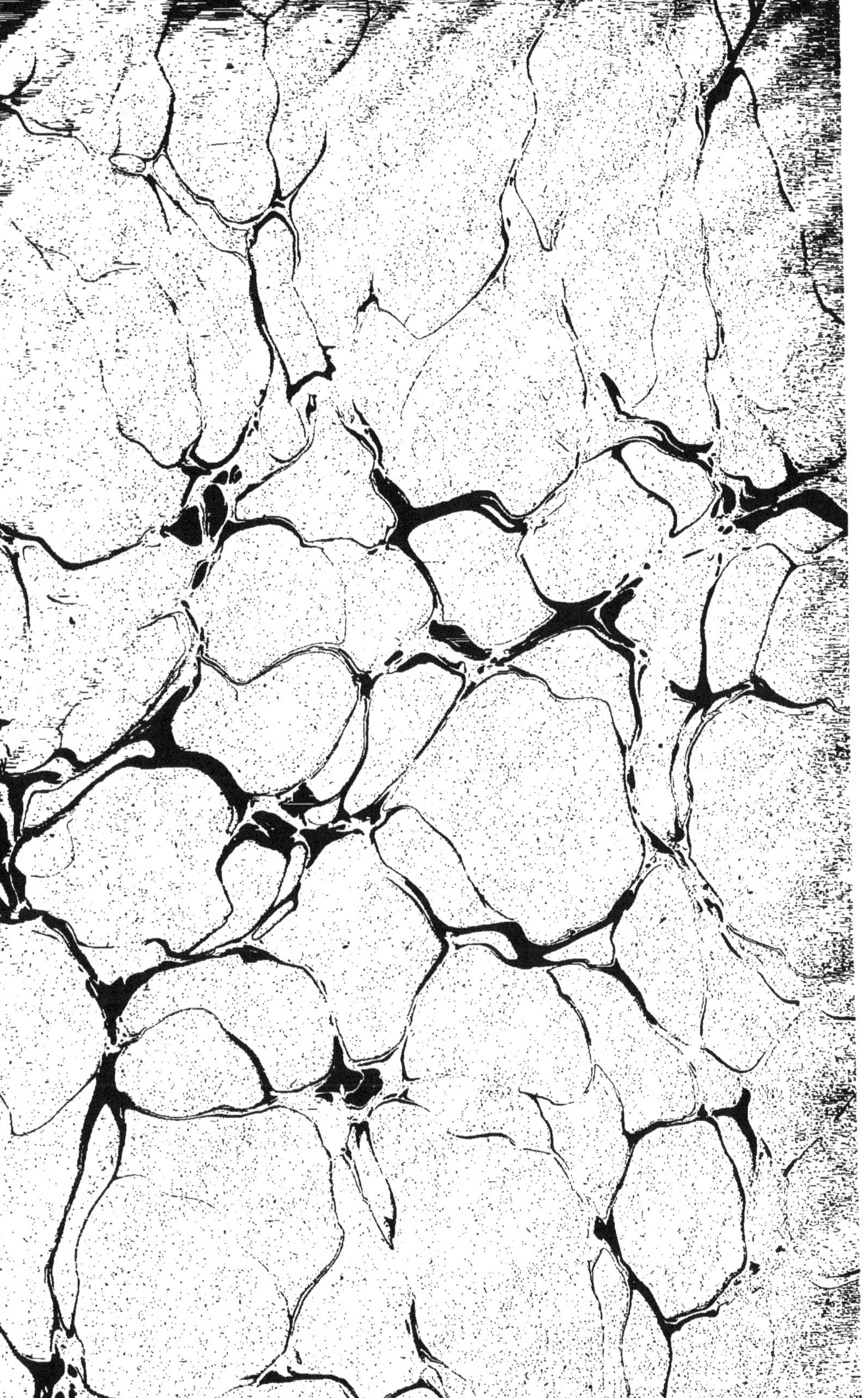

École des Sciences politiques et sociales de l'Université de Louvain.

Le Maroc

et

les Intérêts belges

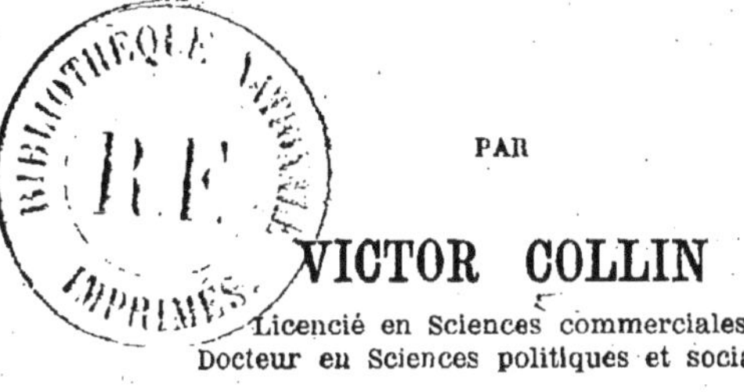

PAR

VICTOR COLLIN
Licencié en Sciences commerciales
Docteur en Sciences politiques et sociales.

LOUVAIN
IMPRIMERIE POLLEUNIS & CEUTERICK
30, rue des Orphelins, 30

1900

LE MAROC ET LES INTÉRÊTS BELGES

Les thèses présentées pour les Doctorats à l'École des Sciences politiques et sociales de Louvain, étant l'œuvre personnelle de leurs auteurs, n'engagent que leur seule responsabilité.

École des Sciences politiques et sociales de l'Université de Louvain.

Le Maroc
et
les Intérêts belges

PAR

VICTOR COLLIN
Licencié en Sciences commerciales
Docteur en Sciences politiques et sociales.

LOUVAIN
IMPRIMERIE POLLEUNIS & CEUTERICK
30, rue des Orphelins, 30

1900

CHAPITRE Ier

LE PAYS ET SES HABITANTS

Placé, par un caprice des évolutions historiques, aux portes mêmes de l'Europe civilisée, pour y contraster de toute la laideur de son antique guenille barbaresque avec l'orgueil de notre culture avancée, le Maroc nous gêne comme un gourbi dans la cour d'un palais.

Invinciblement les diplomates ont dû mettre la main sur cette communauté misérable et hautaine qui leur cache de si belles perspectives d'Afrique. Mais elle se dérobe, tour à tour nerveuse et molle, n'offrant aux prises de l'Europe avide aucun point d'appui fixe. Son gouvernement est flexible, sa capitale changeante, ses frontières élastiques, son armée vagabonde, ses tribus autonomes, son pays peu connu et à moitié légendaire encore. L'expression géographique Maroc elle-même est indéterminable. Où commence le Maroc, où finit-il ? Pour les indigènes, c'est le Moghreb-al-Aksa ou l'Al-Moghreb, l'Extrême-Ouest ou l'Ouest, sans plus. Les *mohendez* (géomètres) des « universités » de Mouley-Drin et de Karaouine ne vous apprendront pas davantage. A l'ouest, le pays est borné par la « grande mer » et, au nord, par la « petite mer » ; plus haut, c'est le Berr nsara, le pays des chrétiens, et plus bas celui des croyants, le Berr meslemin (1), naturellement dévolu au gouvernement de Sa Majesté chérifienne, descendante du Prophète. En fait, il serait difficile au plus scrupuleux des historiographes de déterminer, à cinq mille lieues carrées près, l'étendue de l'Empire.

Dans un travail qui a pour but d'envisager essentiellement la pénétration européenne au Maroc, on peut, sans inconvénient, s'en tenir aux évaluations de superficie les plus larges, puisque, soumis ou non à l'autorité du Sultan, les territoires ainsi comptés ne ressortissent à aucun gouvernement reconnu et s'ajoutent naturellement au champ de la conquête économique future. La frontière maritime du Maroc, du côté de l'Atlantique, s'étend donc du cap Spartel au cap Bojador, au delà de ce cap Juby sur lequel, en dépit des entreprises anglaises, les Sultans ont maintenu leur souveraineté. Au nord, du cap Spartel à Ceuta, la côte dessine la configuration méridionale du détroit de Gibraltar ; puis elle s'infléchit vers le sud et devient algérienne au cap Milonia, entre l'embouchure de la Molouya et la ville française de Nemours. Rectifiée après la bataille de l'Isly, en 1845, la frontière algéro-marocaine court vers le sud, suivant une ligne arbitraire qui ne respecte ni les sillons géographiques, ni les conditions ethniques des régions traversées et qui

(1) Erckmann, *Le Maroc moderne*.

coupe en deux le territoire de tribus importantes. Depuis l'oasis de Figuig, déjà fort exposée aux entreprises françaises, les autorités algériennes ont pris comme limite l'oued Susfana, et elles font rentrer dans leur zone d'influence le Touat, sur lequel le Maroc a cependant maintenu ses droits. De là, dans les évaluations de superficie, d'énormes différences, suivant que les géographes font traverser le désert à la frontière sud, depuis le Touat au cap Bojador, ou qu'ils la font coïncider avec les dernières crêtes de l'Atlas, de Figuig à l'oued Draa. Les ouvrages français et anglais donnent généralement au pays une superficie de cinq à six cent mille kilomètres carrés; les ouvrages allemands énoncent le chiffre de 812.332 kilomètres carrés.

Le système orographique du Maroc se résume presque tout entier dans le développement, du sud-ouest au nord-ouest, de la chaîne principale et des contreforts de l'Atlas. C'est une sorte de muraille continue qui sépare les pays habités du désert, et dans laquelle s'ouvrent quelques brèches encore mal explorées, comme le col de Tagherout et le Tizi. Quelques-uns des sommets de l'Atlas ne le cèdent en rien aux plus beaux pics des Alpes suisses, quoiqu'aucun ne paraisse dépasser cinq mille mètres. Depuis longtemps, malheureusement, les moraines ont remplacé les glaciers, ce qui explique le débit médiocre des fleuves marocains, dont la plupart descendent de l'Atlas. Les montagnes du Rif, qui s'étendent entre Tetuan et Melilla, et dont la hauteur moyenne est de deux à trois mille mètres, ne nourrissent que quelques cours d'eau sans importance. La Molouya, le fleuve le plus important du versant méditerranéen, prend sa source sur le Djebel-Aischin, dans l'Atlas, qui a quatre mille cinq cents mètres, trois cent dix de moins que le Mont Blanc. Après un cours assez accidenté, le fleuve va se jeter dans la mer, en face des îles Zaffarines. Le Sebou, dont le débit est le plus considérable et qui est navigable sur une partie de son parcours, se jette dans l'Atlantique à Mehdiya, au nord de Rabat, après avoir arrosé la banlieue de Fez. A Rabat même, le Bou-Regrag a son embouchure. Plus bas encore coulent l'Oum-er-Rbia et le Tensift, ce dernier arrosant Marrakech, l'ancienne capitale de l'Empire. Tous ces fleuves prennent leur source dans l'Atlas, ainsi que les ouedan Sous, Ras, Noun et Draa, qui en fertilisent le versant méridional. L'oued Draa pourrait même passer pour le plus important cours d'eau du Maroc, s'il n'était, dans sa partie supérieure, si fréquemment à sec. C'est un inconvénient auquel n'échappent pas non plus certains fleuves d'Europe, en Espagne notamment. Il est fort sérieux au Maroc, en ce qu'il rend à peu près illusoires les chances de communications fluviales avec les régions peuplées de l'intérieur. D'après Oscar Lenz (1), le Sebou serait cependant utilisable pour mettre en communication

(1) *Timbouctou.*

avec l'Atlantique les fertiles campagnes qui entourent Fez, la capitale. Une mention revient encore au mystérieux oued Guers, qui se perd dans le désert au sud de l'oasis de Tafilelt; et au non moins problématique Guir, qui, descendu de l'Atlas, se dirige vers le Touat et disparaît après avoir plusieurs fois changé de nom. Le seul fleuve, issu des montagnes du Rif, digne d'attention, est le Khous, qui se jette dans l'Atlantique à Larache.

L'Atlas ne fournit pas seulement au Maroc son système artériel de fleuves et de torrents intermittents, qui en fécondent les campagnes. Ses sommets, dont quelques-uns sont couverts de neige, tempèrent au passage les vents brûlants qui viennent du désert et qui achèvent de s'attiédir au contact des brises de la Méditerranée et de l'Atlantique. Sous ce rapport surtout, le Maroc est un pays privilégié. Classé pour la richesse de son sol et la variété de sa flore et de sa faune parmi les contrées tropicales, il rentre pour la douceur de son climat dans la zone tempérée. Les différences de température de saison à saison sont modérées : c'est un des rares pays dont on puisse dire avec raison qu'un éternel printemps y règne (1). De l'avis de nombreux observateurs, les cas de phtisie y sont exceptionnels. La côte atlantique surtout, la plus facilement accessible aux navires, jouit d'un climat que pourraient lui envier les sanatoria les plus réputés de

(1) Horowitz. *Marokko; das Wesentlichste und Interessanteste über Land und Leute.*

la terre (1). Quelques marécages, cependant, situés à l'embouchure de certains cours d'eau, dégagent des miasmes qui donnent les fièvres : le premier soin des colonies qui s'établiront là, un jour, sera de les dessécher.

La différence de température entre le jour et la nuit, au Maroc, cause d'abondantes rosées. Sous le rapport des pluies, il est beaucoup mieux partagé que les autres pays barbaresques, l'Algérie, la Tunisie et la Tripolitaine, à cause de la proximité de l'Atlantique. La végétation est aussi plus abondante, et présente une assez grande analogie avec celle de l'Espagne méridionale. Le dattier, le palmier, l'arganier se rencontrent surtout vers le sud ; les pentes de l'Atlas sont couvertes de forêts d'essences diverses. La faune est celle de l'Afrique mineure ; les grands fauves disparaissent peu à peu ; les lions se rencontrent encore assez nombreux dans les montagnes du Rif, près de l'Algérie, et dans les forêts du Beni-Mghîld, près de Fez ; les singes sont devenus rares ; il en reste quelques tribus dans les rochers du détroit, pour servir de pendant aux quelques douzaines de macaques que la garnison de Gibraltar entretient précieusement sur

(1) Climat de Mogador, d'après les observations de BEAUNIER, citées par RECLUS, couvrant une période de neuf années :

Température moyenne : 19°4 centigrades.
id. du mois le plus chaud (août) : 21°8 centigrades.
id. du mois le plus froid (février) : 16°5 »
Extrême de chaleur observé : 31° centigrades.
id. froid 10°4 »

le Peñon ; le sanglier, enfin, est assez commun. Les eaux de la Méditerranée et de l'Océan fournissent aux riverains des pêches abondantes.

Les habitants du pays, que nous appelons indifféremment les Maures, sans tenir compte de l'usage local qui exclut de cette dénomination tous ceux qui n'appartiennent pas à la religion de Mahomet, échappent jusqu'ici à tout recensement précis. On n'a guère que des évaluations dont les divergences disent assez combien elles sont arbitraires. Une même question vient, d'ailleurs, toujours embrouiller le calcul : quelles sont les tribus qui reconnaissent la souveraineté, même nominale, du Sultan ; et quelles sont celles qui se considèrent comme indépendantes, et qui, en fait, le sont ? Le mieux est de se ranger à l'opinion de Reclus, qui considère comme vraisemblable l'estimation d'Oscar Lenz : huit à neuf millions d'habitants, sans compter le désert et le Touat (1). La densité serait donc de dix à onze habitants environ par kilomètre carré ; supérieure, par conséquent, à celle de la Scandinavie.

(1) KLODEN et ROHLFS évaluent la population à 2.750.000 âmes seulement ; TISSOT donne le chiffre de 2.000.000 ; JACKSON va jusqu'à 15.000.000.

Population des diverses parties de l'Empire, d'après le *Statesman's Year Book* (estimation de 1889) : ancien royaume de Fez, 3.200.000 ; Maroc proprement dit, 3.900.000 ; régions du Tafilelt et de Sengelmesa, 850.000 ; Sous, Adrar et Draa septentrional, 1.450.000 ; en tout, 9.400.000. D'après la race : Berbères et Touaregs, 3.000.000 ; Berbères Chellaha, 2.200.000 ; Arabes-Bédouins nomades, 700.000 ; Arabes-Mued, 300.000 ; Juifs, 150.000 ; Nègres, 200.000. Les chrétiens seraient au nombre de 5000 seulement, dont 4000 à Tanger.

Le fond de la population est berbère. Les Berbères ou Imazighen se partagent en quelques grandes tribus différant par les mœurs ou les traits généraux de la physionomie. Dans l'Atlas, ce sont les Chellaha ; plus bas encore, dans la région des oasis, les Haratin ; au nord, dans les montagnes du Rif, vivent des Kabyles de la même race que ceux d'Algérie. Phénomène rare en Afrique, une partie de ces Kabyles sont blonds : de Amicis prétend en avoir rencontré un certain nombre dans les rues de Tanger (1). Ces Berbères ne sont qu'en partie soumis au gouvernement chérifien. La plupart forment des tribus indépendantes, qui ont leurs propres chefs ; plus rarement pour chef un délégué du Sultan ; mais qui ne lui paient pas l'impôt du sang et qui, le cas échéant, n'hésitent pas à repousser à coups de fusil les agents du fisc. Beaucoup vivent de pillage, comme les Beni-Hassan ; ou de piraterie, comme les Riffains. On a vu ces derniers mener, malgré le Sultan, une campagne assez longue contre les Espagnols de Melilla, ce qui démontre à quel point ils dédaignent l'autorité du souverain.

Les Arabes forment la classe supérieure de la population. Leur langue se parle sur le littoral de l'Atlantique et dans les provinces de Tanger et de Tetouan. Partout ailleurs le vieil idiome berbère domine. L'Arabe du Maroc ressemble peu à ses congénères d'Afrique et d'Asie ; il se rapproche du type européen, ce qu'il

(1) *Marocco.*

faut attribuer aux nombreux croisements qui eurent lieu à l'époque de la conquête de l'Espagne. Le gouvernement du pays lui revient pour la plus grande partie. Les nègres sont presque tous des descendants d'esclaves ou des esclaves d'importation récente, car le commerce du bois d'ébène se fait encore dans certaines parties du Maroc, et même dans des villes de la côte. Ils embrassent généralement l'islamisme et, partageant ainsi les croyances religieuses de leurs maîtres, y gagnent d'être un peu mieux traités. Les Juifs sont les parias du pays. Honnis, pourchassés, parqués dans des ghettos, mis au ban, comme des animaux impurs, de certains endroits réputés saints, pressurés par le fisc, volés par les fonctionnaires, persécutés par la justice, ou plutôt par l'injustice des cadis, ils n'en sont pas moins parvenus à monopoliser tout le commerce de l'intérieur et à draîner vers leurs sacs et leurs boutiques une bonne partie de la fortune publique. A côté d'eux, également méprisés, mais craints davantage, figurent les renégats et aventuriers des pays méditerranéens qui sont venus faire fortune au Moghreb. Les résidents étrangers, enfin, se trouvent exclusivement dans les villes de la côte, où ils vivent sous la protection indispensable, et d'ailleurs volontiers autoritaire et partiale, de leurs consuls. Ce sont surtout des Anglais, des Espagnols, des Allemands et des Français.

Vu dans son ensemble, le peuple maure ne jouit pas d'une réputation excellente. Comme la plupart des peuples soumis à la tyrannie, il cache des sentiments et des pensées qui, trop facilement dans certains cas, pourraient lui coûter la vie ou la fortune ; il est hypocrite, de mauvaise foi, rampant devant les puissants, brutal et cruel à l'égard de ses inférieurs. Le peu de confiance que méritent, en général, les agents indigènes, est un des plus grands obstacles au développement des relations commerciales avec le Maroc. Par contre, le Maure a de sérieuses qualités, la dignité et la simplicité, la profondeur des sentiments, le courage et le dévouement personnel (1).

Administrativement, la population du Maroc est groupée en provinces ou amalats, dont les limites sont très mal définies et qui peuvent même se déplacer quand se déplacent les tribus qui les habitent. Les villes sont assez nombreuses et suffisamment peuplées. Le pays a, en réalité, quatre capitales. Tanger en est la capitale commerciale : c'est là que résident la plupart des ministres étrangers et des consuls. C'est une belle ville bâtie en amphithéâtre et dont le port, à moitié comblé, sert néanmoins à un trafic assez actif avec les ports méridionaux de l'Europe et surtout avec Gibraltar. Fez est la capitale politique, le véritable centre du pays, dont le Sultan a fait avec raison sa résidence la plus habituelle et où le corps diplomatique habiterait également, si la difficulté des communications avec Tanger et l'attitude des moins enga-

(1) Horowitz.

geantes de l'entourage chérifien n'y faisaient obstacle. Mequinez, qu'une bonne route relie à Fez, est le Versailles marocain. Marrakech, enfin, qui est situé dans le sud, et dont le nom, en se corrompant, est devenu celui de l'Empire, est l'ancienne capitale : le Sultan s'y rend encore, en moyenne, une fois par an. Tetouan, qu'un mince cours d'eau relie à la Méditerranée, a une population juive nombreuse : malgré les vicissitudes qu'elle a subies dans le cours de l'histoire, elle est restée une des plus commerçantes et des plus prospères du pays. Ceuta, le Peñon de Velez, Alhucemas, Melilla et les îles Zaffarines sont des postes espagnols. Oudjda, sur la frontière algérienne, à proximité de l'Isly, est une ville de garnison. Debdou est une bourgade commerçante, également aux mains des Israélites ; Taza a moins d'importance. Ouezzan est une localité sainte, uniquement peuplée de descendants du Prophète, et dont le chérif suprême, vénéré à l'égal du Sultan lui-même, exerce sur les populations un puissant ascendant. Au delà du cap Spartel se rencontrent le petit port déchu d'Arzcila et celui de Larache, sur le Khous, que fréquentent en assez grand nombre les bâtiments caboteurs. Ksar-el-Kebir est une ville ancienne, célèbre surtout par la bataille livrée dans ses environs par les Portugais de dom Sébastien, en 1573, aux Maures, qui se termina par la défaite des chrétiens. Plus bas, se trouve Mediya, puis les deux villes de Rabat et de Salé, qui se font vis-à-vis sur les rives du Bou-Regrag. Salé se dépeuple au profit de Rabat, dont le commerce maritime est actif. Dar-el-

Beida ou Casablanca entretient également des relations suivies avec les côtes espagnoles et barbaresques. Azemmour est sans grande importance ; mais à quelque distance de là se trouve Mazagan, qui est en relations constantes avec les Canaries ; et, plus bas encore, se dresse la ville de Saffi, un des ports les plus actifs de la côte. Mogador sert de port à Marrakech : son mouvement est considérable. Taroudant, situé dans le bassin de l'oued Sous, est une grande ville dont l'industrie alimente la région.

Sur le versant sud de l'anti-Atlas, vers le Sahara, d'assez nombreuses oasis sont également des centres de population importants. Les plus grandes et les plus prospères sont l'oasis de Tafilelt, dont Rohlfs évalue la population à cent mille habitants, groupés en cent cinquante ksour (1) ; et celle de Figuig, sur la frontière algérienne, à proximité d'Aïn-Sefra, le terminus de la voie ferrée de pénétration française, dont la population farouche et laborieuse a résisté avec succès, jusqu'ici, aux entreprises de ses voisins.

Tel est l'ensemble des conditions géographiques et ethniques sous lesquelles se présente le Maroc. Abstraction faite de sa valeur économique, que des données spéciales nous feront connaître plus loin, elles nous suffisent pour porter un jugement sur ce pays et en estimer l'importance, comparativement à celle des autres pays barbaresques. Voyageurs et statisticiens sont, d'ailleurs, d'accord pour proclamer la supériorité

(1) Reclus, *Géographie universelle ; l'Afrique septentrionale.*

du Maroc. « Quoique sur la même latitude que l'Algérie, le Moghreb-al-Aksa est de beaucoup supérieur à ce pays par l'ensemble de ses conditions géographiques. Tandis que la colonie française a pour zone centrale une région de plateaux uniformes, salins et presque sans eau, le Maroc a pour épine dorsale une admirable chaîne de montagnes aux vallées ruisselantes, aux climats étagés offrant toute la gamme des flores terrestres (1). » — « Le Maroc, d'après l'avis de la plupart des voyageurs, ne saurait être trop vanté. Tout le versant qui regarde l'océan est d'une fécondité prodigieuse et n'attend que des travailleurs pour devenir un des pays les plus productifs du monde (2). » Une comparaison, d'ailleurs, s'impose ici entre les quatre nations barbaresques, dont deux, il ne faut pas l'oublier, ont été fécondées par les efforts persévérants des Français, qui en ont su faire des colonies bien ordonnées, administrées avec soin et en plein rapport; tandis que les deux autres, la Tripolitaine et le Maroc, sont restées constamment en proie à l'anarchie, à la tyrannie et à l'ignorance.

	Superficie		Population	Densité par kilom. carré
Tripolitaine	800.000	kil. c.	800.000	1
Tunisie	100.000	»	1.500.000	15
Algérie	670.000	»	4.100.000	6
Maroc	800.000	»	9.000.000	11

(1) HOOKER.
(2) DUBOIS et KERGOMARD, *Géographie économique*.

PRINCIPALES VILLES (1)

Tripolitaine

Tripoli	30.000	Benghasi	15.000
Masrata	10.000	Mourzouk	8.000
Ghadames	6.000	Ghat	3.000
Derna	2.000		

Tunisie

Tunis	135.000	Sfax	30.000
Kairouan	15.000	Monastir	8.000
Sousa	8.000		

Algérie

Alger	83.000	Oran	75.000
Constantine	47.000	Bône	31.000
Tlemcen	30.000	Ghardaja	29.000
Tizi-Ouzou	26.000	Mustapha	24.000
Blidah	24.000	Tebessa	24.000
Bou-Saada	23.000	Philippeville	22.000
Sidi-bel-Abbes	20.000	Aumale	19.000
Mascara	15.000	Haussonviller	15.000

Maroc

Fez	150.000	Tanger	20.000
Mequinez	25.000	Tetuan	20.000
Mogador	20.000	Ksar-el-Kebir	9.000
Larache	15.000	Figuig	—
Agadir	2.000	Taroudant	—
Marrakech	50.000		

(1) D'après les *Geographisch-Statistische Tabellen* d'OTTO HÜBNER, 1897.

Ainsi, avec une superficie plus grande que celle de la Tunisie et de l'Algérie réunies, le Maroc a une densité de population qui tient à peu près la moyenne entre ces deux colonies, malgré l'avantage que donnent à ces dernières l'immigration française et l'absorption progressive des tribus sahariennes. La Tripolitaine, que son régime politique rapproche davantage du Maroc, lui est infiniment inférieure sous tout autre rapport. Une comparaison entre le chiffre des populations des villes montre que le travail de centralisation urbaine est beaucoup plus avancé en Algérie, et que les campagnes marocaines sont moins désertées. Il ressort donc de cette comparaison sommaire que, malgré l'infériorité de sa situation politique et l'action plus néfaste qu'utile de son gouvernement, le Maroc est encore, des quatre pays de l'Afrique mineure, celui que la nature a le mieux traité.

Le lecteur nous pardonnera la brièveté de cet exposé géographique. Il n'entre pas dans notre cadre de reproduire ici les nombreuses observations qui ont été recueillies, au cours de voyages longs et trop souvent dangereux, par les Lenz, les Rohlfs, les de Foucauld, les Hooker, les Colville et toute la pléiade des explorateurs éminents auxquels nous devons la géographie — malheureusement très incomplète encore — du Moghreb-al-Aksa. Nous renvoyons à leurs ouvrages ceux que tente plus particulièrement la physionomie physique de ce coin du monde, remarquable entre tous.

CHAPITRE II

GRANDEUR ET DÉCADENCE

Situé au point de contact de deux civilisations, désigné par sa richesse et son heureuse position aux convoitises des conquérants, le Maroc devait jouer et a joué en effet un rôle prééminent dans l'histoire. Dégagé de l'état chaotique par un envahisseur puissant et bien doué, il a traversé une époque de grandeur et de haute prospérité, avant de suivre le mouvement général de décadence qui entraîne les peuples musulmans à l'asservissement.

Comme celle de l'Égypte, l'histoire du Maroc se perd dans la nuit des temps. De nombreux auteurs anciens, Hérodote, Strabon, Salluste, Procope en parlent comme d'un pays fabuleux, trop riche en légendes pour offrir de sérieux points de repère à la science historique. Hercule, qui l'avait séparé de l'Europe, n'est pas le seul des héros qui aient joué dans son histoire un rôle glorieux, mais mythique ; et les Grecs l'avaient, de bonne heure, peuplé des créations de leur symbolique. C'est là que demeurait le géant Atlas, qui portait le ciel sur ses épaules ; c'est là qu'Hercule tua le géant Antée, qui reprenait des forces quand il touchait la terre. La légende y plaçait encore le jardin des Hespérides et les sept Atlantides, dans lesquelles on a voulu voir la personnification des îles Canaries. Il semble, en effet, que des notions géographiques assez complètes se cachaient derrière quelques-unes de ces fables. Ce qui est positif, c'est que le voyage de Hannon le Carthaginois, au VIe siècle avant J.-C., et les explorations des Phéniciens, durent apprendre bien des choses au Vieux Monde touchant ce coin de l'Afrique. Homère parle des montagnes de Djurdjura ; la plupart des auteurs connaissent l'Atlas et, chose bien faite pour surprendre — si quelque chose encore pouvait étonner de la part du descripteur des « monts de la Lune » tout récemment retrouvés seulement — Ptolémée distingue entre l'Atlas et l'Anti-Atlas, ce qui dénote une connaissance déjà très avancée du système orographique marocain. Les Phéniciens eurent, d'ailleurs, de nombreux établissements sur les côtes de la Mauritanie : Tingis — la Tanger moderne — a été fondée par eux.

La Mauritanie tingitane fut annexée par Carthage, à laquelle elle fournit des mercenaires. Les Berbères s'allièrent à Massinissa contre les Carthaginois et contribuèrent à la perte de la fière cité. Ce ne fut, d'ailleurs, que pour passer sous la domination de Rome et voir plus tard leur pays érigé en colonie par l'empereur Claude. Dans l'intervalle, ils avaient vaillamment combattu pour leur indépendance ; mais l'un après l'autre leurs chefs et leurs rois avaient été défaits

2

par les généraux romains, parmi lesquels Sertorius, qui prit et détruisit Tingis. A leur tour, les gouverneurs romains cherchèrent à se rendre indépendants de l'autorité centrale, sans cependant y réussir. Les Berbères d'ailleurs, dont le caractère indomptable s'affirmait sous l'oppression césarienne, continuaient, retranchés dans leurs montagnes, la lutte contre l'envahisseur. Les pirates riffains allèrent même porter le fer et le feu sur les côtes d'Espagne.

Au ve siècle vinrent les Vandales. Ils ne semblent pas avoir rencontré une résistance sérieuse : peut-être les indigènes avaient-ils conclu une alliance avec eux contre les Romains. La défaite des Barbares par Justinien fit de la Mauritanie une province de l'Empire byzantin. A ce titre elle allait attirer sur elle, dans leur marche vers l'Occident, les armées farouches et aguerries de l'Islam.

L'invasion se produisit dans la seconde moitié du VIIe siècle. Pendant cette première période, que nous avons désignée sous le nom d'état chaotique, il semble, en effet, que la nationalité marocaine se soit lentement dégagée du contact des races. Les habitants de la Mauritanie avaient appris, dans cette lutte séculaire contre l'étranger, à connaître les qualités de leur race, la patience, l'endurance, le courage dans les combats et cet amour de la liberté qui est toujours l'indice d'un véritable idéal national. Il appartenait cependant aux Arabes d'y venir opérer le mélange de ces qualités natives avec la culture de l'Orient et de préparer, par cette fusion harmonieuse, le développement et la grandeur du Maroc.

Tout d'abord, les Berbères accueillirent les Arabes comme ils avaient accueilli autrefois les Romains : en libérateurs. Ils favorisèrent la conquête de l'Égypte en 640 ; mais quand Otman, qui venait de succéder au calife Omar, essaya de pousser plus loin, ils comprirent qu'un nouveau maître leur arrivait et devinrent hostiles. Les Arabes agirent avec prudence. Ils prirent comme point d'appui leur établissement de Kairouan, en Tunisie, et dirigèrent successivement contre le Moghreb occidental plusieurs expéditions. Ils y subirent des vicissitudes diverses. Ebn-Khodaïdi et Okba-Ibn-Nafi remportèrent des succès sur les Berbères, et certains historiens prétendent qu'entre 680 et 682, le dernier avait doublé par mer le cap Spartel et pris possession du Sous au nom de l'Islam ; en réalité, il aurait été battu, en 683, par les Berbères et les Grecs réunis. L'émir Zoheir le vengea en battant à son tour le Berbère Koseila ; mais ensuite les Arabes subirent une nouvelle défaite. Puis on vit une héroïne berbère, la prêtresse Damia, rallier autour d'elle les tribus, battre et refouler jusqu'à Barca l'armée puissante de Hassan-Ibn-Noman, en 696 ; mais ce général prit une sanglante revanche, écrasa l'armée de Damia et tua la prêtresse. Ses fils alors se soumirent et acceptèrent l'Islam (1).

(1) Dr Dierckx, *Marokko; Materialien zur Kenntniss und Beurteilung des Scheriffenreiches.*

Les Califes d'Orient régnaient sur ces conquêtes par l'intermédiaire de leurs gouverneurs. Le plus célèbre fut Mouça-ibn-Noceir, qui conquit tout l'ouest du Maroc, étouffa les dernières résistances, prit Tanger vers l'an 700 au comte byzantin Julien, et retourna ensuite à Damas pour y préparer un projet cher à tous les sectateurs du Prophète : l'invasion de l'Espagne.

Pour acquérir à tout jamais l'affection du peuple que son père avait conquis, Alexandre de Macédoine poussa les Grecs contre leurs ennemis héréditaires, les Perses. L'ambition des Califes leur inspira une politique semblable : les Berbères se souvenaient des nombreuses expéditions qu'ils avaient dirigées sur les côtes d'Espagne et brûlaient d'aborder, les armes à la main, dans le pays de leurs rêves. Abu-Zora-Tarif, à qui l'on attribue souvent, par erreur, la conquête de la péninsule, ne fut qu'envoyé en reconnaissance, avec cinq cents hommes. Il passa le détroit ; laissa son nom à Tarifa; ravagea l'Andalousie et revint chargé de butin. La facilité avec laquelle il avait accompli cette promenade militaire fit presser les préparatifs de l'invasion. Douze mille hommes, presque tous Berbères, abordèrent à Algesiras sous les ordres de Tarik-Ibn-Ziad, qui doubla son armée, battit quatre-vingt dix mille Wisigoths à Xeres de la Frontera, près de Cadix, et jeta ainsi les bases de la domination séculaire des Maures en Espagne. Mouça-ibn-Noceir revint à la hâte pour s'attribuer la victoire, mais il ne tarda pas à tomber en disgrâce auprès des Califes d'Orient, et fut remplacé par Mohammed-ebn-Yesíd.

On sait de quelle façon les Maures achevèrent la conquête de la péninsule ibérique et quel élan les emporta jusqu'au delà des Pyrénées, à Poitiers, où ils vinrent tomber sous le redoutable martel du duc Charles. L'invasion de l'Islam endiguée, de ce côté du moins, les Maures se livrèrent tout entiers à l'organisation des pays conquis. Naturellement, les riches plaines de l'Andalousie, les pentes enchantées de la sierra Nevada, eurent les préférences des nouveaux maîtres ; et l'on vit les Maures du Maroc, les Berbères, émigrer en foule de l'autre côté du détroit. Des villes se fondèrent ; des monuments admirables surgirent du sol ; et la civilisation prit, sur les deux rives de la Méditerranée, un magnifique essor, surtout quand le dernier survivant de la dynastie des Ommiades, Abdérame, eut arraché l'Espagne aux califes Abassides et fondé le Califat indépendant de Cordoue.

Déjà, d'ailleurs, le Maroc l'avait précédée dans cette voie. Sans attaches solides avec Bagdad, les yeux constamment tournés vers le nord, les Berbères se détachèrent de l'Empire et, par une sorte de tolérance, jouirent pendant un certain temps d'une indépendance de fait. Quand le Calife s'avisa de restaurer son autorité méconnue, il était trop tard. Les émirs arabes furent battus en plusieurs rencontres sanglantes et les rebelles, vers la fin du VIIIe siècle, choisirent pour chef Edris-ben-Edris, qui fonda la ville de Fez et prit le titre de roi. Le Maroc était définitivement indépendant.

Il est à remarquer qu'à cette révolution politique correspondit une révolution religieuse : les Califes du Maroc se déshabituèrent de voir dans les Califes de la Syrie les chefs de l'Islam et s'en attribuèrent le pontificat, qu'ils ont conservé jusqu'à ces jours et dont ils se prévalent volontiers. Les Califes Ommiades d'Espagne ne cessèrent, au contraire, jusque vers le xe siècle, de reconnaître les souverains de Bagdad comme les chefs suprêmes de la religion de Mohammed.

Du VIIIe au XIIIe siècle, les deux nations sarrasines vécurent une époque de splendeur et de puissance, malgré les luttes civiles et les nombreux déchirements auxquels l'une et l'autre furent en proie.

Edris, roi de Fez, descendait d'Ali, gendre du Prophète. Son règne fut heureux : il pacifia et unifia son royaume. Le puissant Calife de Bagdad, Haroun-al-Raschid, auquel il portait ombrage, le fit emprisonner ; mais sa dynastie se maintint. Les rois édrissites furent cinq : Mohammed-Ben-Edris, qui réprima des révoltes locales et étendit les frontières du pays ; Ali-ben-Mohammed ; Yaya I, détrôné par son peuple ; Yaya II et Yaya III. Un grand nombre de monuments, qui ne sont plus aujourd'hui, pour la plupart, que des ruines, datent de cette époque, pendant laquelle fleurirent les arts et les lettres. Au commencement du xe siècle, pendant le règne de Yaya III, les Fatimites, qui prétendaient descendre de Fatima, fille du Prophète, s'emparèrent de Fez et mirent sur le trône un des leurs. Ce fut le signal d'une lutte sans merci entre les Fatimites et les Édrissites. Épuisés, ces derniers demandèrent l'appui du Calife de Cordoue, Abderahman III, en lui promettant Ceuta et Tanger, qu'ils occupaient. Le Calife envoya une armée au secours d'Abul Aïx, le roi édrissite, mais il ne parvint qu'à occuper les deux places précitées. Hakem, son fils, eut plus de succès, et proclama l'annexion pure et simple au Califat de Cordoue des territoires conquis. Mais, sur ces entrefaites, un nouveau prétendant était entré en lice sous les traits de Zeyri-ben-Atia, qui, à la tête de quelques tribus puissantes, battit les Fatimites, les expulsa de Fez, et inaugura la dynastie des Zeirites, laquelle accepta de tenir le Moghreb en fief des Califes de Cordoue. Zeyri le Voluptueux, Aboul-Hassein le Cruel, Abu-Menaz, Moaz et Tamin furent les rois de cette dynastie, qui alterna ensuite avec la dynastie des Molaténides, fondée par Abu-ben-Omar.

Vers l'an 1000, cependant, un mouvement religieux s'était dessiné dans le sud du Moghreb, parmi des tribus converties, par leur chef Abdallah, à une interprétation plus stricte du Coran. Sous le commandement de son successeur Youssef, ces tribus marchèrent vers le nord, fondèrent Marrakech, s'emparèrent de Fez et poussèrent jusqu'à Tlemcen, dans l'Algérie actuelle. Ce fut l'avènement d'une dynastie nouvelle, connue dans l'histoire sous le nom d'Almoravides.

Dans l'intervalle, la situation des Maures d'Espagne s'était profondément modifiée. Le Califat de Cordoue était tombé, et les petits États arabes qui s'étaient formés sur ses ruines luttaient péniblement contre les chrétiens. Cette fois, c'était au puissant souverain du Maroc d'aller au secours de ses frères d'Ibérie. Youssef passa le détroit, écrasa l'armée chrétienne près de Badajoz et restaura l'autorité du Croissant. Mais tandis que ses descendants reconquéraient l'Espagne, en luttant à la fois contre les chrétiens et contre leurs propres coreligionnaires, qu'ils accusaient de méconnaître les lois de l'Islam et de se laisser aller à une coupable mollesse, un mouvement inattendu se produisait au Maroc même, où Mohammed-Abdallah parvenait à détrôner les Almoravides au profit de la lignée non moins célèbre des Almohades.

Abd-el-Moumen, son fils ; Abu-Yacub ; Yacub-ben-Yacub fortifièrent leur autorité au Moghreb et soutinrent la lutte contre les chrétiens en Espagne. Leur règne marque l'apogée de la civilisation et de la puissance marocaines, ainsi que celui d'El-Mansour, qui porta aux soldats de la Croix le dernier coup violent que devaient frapper encore, en Espagne, les armes de l'Islam, à la bataille d'Alarcos, en 1195. Son successeur Mohammed-el-Nasir n'eut pas ce bonheur : son armée fut totalement anéantie dans les plaines de Tolosa. Les Maures d'Espagne avaient commis l'imprudence d'appeler à leur secours contre les puritains du Moghreb l'empereur Charlemagne et les chrétiens, et ceux-ci avaient habilement profité de ces dissensions. Ils avaient reconquis avec ténacité, pouce par pouce, l'ancien royaume des Wisigoths, et malgré de nombreux échecs, ils venaient de porter à la domination arabe ce coup mortel des Llanos de Tolosa. Pendant que la discorde se mettait parmi les Almohades d'Espagne, les tribus guerrières et les grandes familles du Maroc entraient en révolte ouverte. Les Merinides, après avoir fondé un petit duché indépendant, s'emparèrent définitivement du pouvoir. Leur premier roi, Abu-Youssef, put encore porter secours au roi de Grenade et repousser les chrétiens qui le pressaient de toutes parts; mais des désordres le rappelèrent dans son pays. Ainsi les ambitions rivales des chefs maures paralysaient la défense commune contre l'envahisseur. Car déjà les Espagnols et leurs alliés attaquaient le Moghreb. En 1415, Ceuta était tombée aux mains des Portugais, et ils possédaient une grande partie de la côte occidentale du Maroc quand se joua, en Espagne, la dernière scène de l'épopée arabe : le 2 janvier. le roi Boabdil quittait Grenade « sans avoir combattu comme un homme, mais en pleurant comme une femme », suivant les dures paroles de sa mère Aïscha.

Cette retraite tragique est la borne qui marque le déclin de la puissance de l'Islam dans l'Afrique occidentale. Sans doute, emporté par la force acquise, le Maroc eut encore des jours glorieux; mais abandonné du reste de l'Islam comme lui-même avait abandonné les mahométans d'Espagne, il allait se trouver, livré à ses propres forces, en lutte avec l'Europe chrétienne, et le jour n'est peut-être pas loin où le chérif de Fez subira le même sort que le bey de Tunis, le dey d'Alger et le roi de Grenade.

Ce serait exagérer que de prétendre que la civilisation du Maroc égala celle de l'Espagne mauresque, en ces temps de splendeur. Il est notoire, au contraire, que lorsque les hordes berbères vinrent au secours de l'Islam, elles reprochèrent à leurs coreligionnaires cet art qui leur apparaissait — et peut-être n'avaient-elles pas tort — comme un signe de décadence, et elles démolirent impitoyablement sur leur passage de nombreux monuments de la plus haute valeur. Mais il ne faut pas oublier que les Almoravides et les Almohades étaient des fanatiques arrivés du désert et ne représentaient pas le Maroc artiste et civilisé.

« Quand je cherche à m'expliquer, dit M. Gabriel Charmes (1), comment un pays, jadis si élevé dans toutes les connaissances humaines, a pu aujourd'hui tomber si bas qu'il est, à tous égards, le dernier des pays musulmans, je ne puis en trouver d'autre raison que l'influence constante du Soudan, qui s'est exercée sur lui depuis la conquête musulmane. Toutes ses dynasties sont venues du Soudan et toutes ont traîné après elles, avec des troupes nombreuses dont le sang nègre a alourdi le sang arabe et berbère des Marocains, des cheiks fanatiques qui ont piétiné sur la civilisation jusqu'à ce qu'ils l'aient complètement anéan-

(1) *Une ambassade au Maroc.*

tie. Les révolutions marocaines ont toujours été des révolutions, ou plutôt des réactions religieuses. Quand le Moghreb, cédant à l'attrait du progrès, s'est laissé affaiblir par les mœurs plus douces qui en résultent ; quand il s'est livré aux délicatesses de l'esprit qui émoussent la barbarie des courages ; quand, sans jamais arriver au scepticisme de la science, il s'est peu à peu relâché de ce que la discipline de la religion avait de trop étroit, de trop déprimant pour les intelligences, il s'est toujours trouvé, vers les bords du Niger, quelques marabouts strictement orthodoxes, appartenant plus ou moins à la race de Mahomet, pour soulever les éléments sauvages et belliqueux qui s'agitent dans ces tristes contrées et pour les lancer vers le nord. Sous les pas des envahisseurs, qui ne se sont pas arrêtés en Afrique, la fine et charmante civilisation d'Espagne s'est écroulée. »

Ce jugement très net ne conteste pas cependant l'ère de civilisation réellement haute que traversa le Maroc, ni la nature de l'habitant moyen du Moghreb, qui est positivement accessible aux séductions de l'art comme à celles de la science.

Le Berbère, en effet, s'assimile facilement les arts les plus délicats. Encore aujourd'hui, certains artisans en poteries ou en maroquinerie fine des ruelles de Fez ou de Tetouan font l'admiration des voyageurs. Des immigrations considérables mêlèrent, en Espagne, le sang berbère au pur sang arabe, et cette population nouvelle se créa un art de toutes pièces. Car ce serait une erreur de croire que l'esthétique ingénieuse et délicate que nous admirons dans la Giralda de Seville, l'Alhambra et le Generalife de Grenade, a passé le détroit sous les sanglants étendards dû Prophète. Les Arabes n'avaient, à cette époque, que des notions très sommaires d'architecture, et leur génie, encore embryonnaire, était tout entier dans les ornementations. L'art mauresque se forma peu à peu, sous l'influence de l'esthétique byzantine (1). Néanmoins, c'est bien du même peuple qui a construit la mosquée de Cordoue et l'Alhambra, qu'on retrouve les procédés dans quelques temples et quelques ruines du Moghreb ; et il est incontestable qu'une nation qui a su imposer, en des tracés architecturaux reproduits par le monde entier, un si haut idéal d'art, a droit à l'une des premières places parmi les peuples initiateurs, à côté de celui qui construisit le Parthénon.

Les savants, les médecins et les mathématiciens du Maroc jouissaient autrefois d'une réputation universelle. Fez et Marrakech avaient des universités qui attiraient les étrangers de toutes les parties du monde connu. A l'époque des Almohades, Fez comptait 785 mosquées et chapelles ; 122 lieux servant aux ablutions ; 93 bains publics et 472 moulins, sans compter ceux de sa banlieue. Sous le règne de Nasser, on voyait dans la ville 89.236 maisons ; 19.043 *mesruzz* ou chambrettes indépendantes pour un homme seul ;

(1) Dr Carl Justi, *Contribution à l'histoire des arts en Espagne ;* notice pour les guides Baedeker.

467 caravansérails destinés aux marchands; 117 lavoirs publics ; plus de 1.200 fours ; 400 fabriques de papier, etc. A l'heure de la prière, disent les auteurs arabes, la mosquée d'El-Kayrouan ne contenait pas moins de 22.700 fidèles (1). Le respect du peuple et du souverain pour les arts et les sciences égalait leur piété. La bibliothèque de la mosquée d'El-Carubin était célèbre. En 1760, elle contenait encore 40.000 volumes, que Sidi-Mohammed et Mouley-Soliman dispersèrent aux quatre coins de l'Empire ou vendirent à l'étranger. L'émir Youssef, qui avait enlevé à Sancho, roi de Séville, douze charges de manuscrits précieux, les avait déposés, en 1285, dans les mosquées de Fez : il n'en reste probablement plus rien.

Malgré la violence des haines religieuses qui séparaient les musulmans de l'Europe chrétienne, l'hospitalité dont les émirs du Maroc usaient à l'égard des étrangers était aussi large que leur tolérance. Les chevaliers chrétiens se réfugiaient fréquemment à la cour de ces monarques infidèles pour s'y mettre à l'abri des discordes civiles qui régnaient dans leur pays. Les maîtres du Moghreb étaient liés par des traités d'amitié aux princes et aux républiques de l'Italie. Les Papes eux-mêmes correspondaient librement avec les Califes et dirigeaient, par l'entremise des évêques *in partibus*, les groupes chrétiens fixés dans leurs royaumes (2).

(1) GABRIEL CHARMES.

(2) JULES DUVAL, *La question du Maroc.* " Revue des Deux-Mondes ", décembre 1859.

Ces brèves indications sur la prospérité passée du pays servent à mesurer la profondeur de la chute où l'ont entraîné sept siècles de guerres étrangères, de tyrannie, d'intolérance et d'exactions ; en même temps qu'elles fourniront peut-être à l'optimiste l'indice d'un relèvement possible.

Mohammed et Achmed, les deux fils du chérif Mohammed qui s'était acquis dans le sud de l'Empire un grand renom de sainteté, entraînèrent le Calife de Fez dans des expéditions contre les envahisseurs portugais et espagnols. Ils remportèrent des succès à Arzeila, à Tanger, à Taroudant; mais ils ne tardèrent pas à conspirer contre les Mérinides et une guerre civile en fut la suite. Les deux chérifs furent vainqueurs et le Calife, rejeté dans Fez, ne conserva autour de cette ville qu'un petit royaume. Finalement, le chérif Achmed conquit également Fez et une dynastie nouvelle fut inaugurée. Ses successeurs Abdallah et Mohammed ne se maintinrent qu'à force d'assassinats; ce qui n'empêcha pas un de leurs parents évincés, Abd-el-Melik, d'aller demander secours aux Turcs et, avec leur aide, de détrôner Mohammed. A son tour, celui-ci s'adressa au roi de Portugal, dom Sébastien, qui proclama la guerre sainte, entraîna dans cette croisade douze mille chrétiens de toutes les nations et vint se faire anéantir dans les plaines d'Alkazar Kebir, où il périt en même temps qu'Abd-el-Melik et le vainqueur Mohammed, le 4 août 1578. Cette victoire éclatante galvanisa les forces de l'Empire. Mouley-Achmed, qui succéda à Mohammed, conquit le Touat et le Soudan jusqu'à Tombouctou. Mais déjà un nouveau chérif avait surgi dans le Tafilelt, Mohammed-ben-Youssef, dont le petit-fils, le féroce Rachid, fils de négresse, conquit rapidement tout le Maroc et fonda la dynastie qui règne encore aujourd'hui et sous le gouvernement de laquelle la décadence de la nation s'est lentement consommée. Rachid avait déjà eu des relations avec les Français, Louis XIV lui ayant envoyé un ambassadeur en la personne de Roland Frejus, de Marseille. Son frère et successeur Mouley-Ismaïl continua ces relations et demanda la main de la princesse de Conti, fille naturelle de Louis et de Melle de La Vallière, qui lui fut d'ailleurs refusée. Sous son règne la peste enleva au Maroc un million d'habitants. Il fit la guerre, souvent avec succès, aux Anglais, aux Portugais et aux Espagnols, qui avaient envahi le pays; mais il ne parvint pas à arracher Ceuta aux derniers, et le roi Philippe V lui fit subir une sanglante défaite. Sous ses successeurs Mouley-Achmed et Mouley-Abdallah, le pays traversa une période troublée. Il fallut diriger une expédition contre Tombouctou, tandis que les tribus montagnardes se révoltaient et que l'étranger gagnait constamment du terrain. Mouley-Mohammed, prince éclairé, arrêta un instant la nation sur la pente de la barbarie : il repoussa les Portugais, protégea les arts et les sciences. La mort de Mouley-Yzid, son successeur, déchaîna la guerre civile : la couronne échut finalement à Mouley-Soliman, dont le règne ouvrit le XIXe siècle. Il envoya une ambassade à Napoléon et réprima la piraterie, qui avait pris sous le gouvernement de ses prédécesseurs une grande extension. Après un court interrègne où deux usurpateurs, Ibrahim et son frère Zeïd, occupèrent successivement le trône, Soliman reprit le pouvoir et le transmit à Mouley-Abderrahman. L'Algérie fut conquise, à cette époque, par les Français. Le Sultan, qui craignait pour ses propres possessions, commit l'imprudence de soutenir les Algériens et, sur les instances d'Abd-el-Kader, déclara même la guerre à la France. Tanger et Mogador furent bombardées et l'armée marocaine mise en déroute, à Isly, par le maréchal Bugeaud. La jalousie des autres puissances empêcha les Français d'abuser de leur victoire. Le Maroc n'eut d'ailleurs, à partir de ce moment, plus d'autre sauvegarde que cette jalousie. Mohammed, le fils d'Abderrahman, dut soutenir une guerre contre les Espagnols à propos de Ceuta. Il perdit Tetuan et ses adversaires se préparaient déjà à marcher sur la capitale, lorsque la diplomatie des puissances les arrêta. Mohammed s'en tira par quelques concessions pécuniaires et territoriales, et quelques immunités ou avantages qu'il lui fallut étendre à la plupart des nations européennes intéressées au Maroc. Lui et son successeur Mouley-Hassan eurent constamment à lutter contre des révoltes de tribus. Hassan ne parvint pas, en 1893, à empêcher les Riffains d'attaquer le *presidio* espagnol de Melilla :

les indigènes furent battus par Martinez-Campos, et, comme toujours, ce fut le Sultan qui en paya les frais.

Le maître actuel du Maroc est Mouley-Abdul-Aziz, qui succéda à son père le 7 juin 1894. A son avènement, il dut faire tête à la fois aux Kabyles de la frontière algérienne et à une insurrection au Tafilelt, provoquée par un de ses parents. Mais le grand-vizir Si-Hamed-ben-Moussa réussit à étouffer la rébellion et à rétablir le calme dans le pays (1).

(1) Interview du caïd MACLEAN, instructeur en chef de l'armée marocaine, par l'agence REUTER, octobre 1899.

CHAPITRE III

LE PRÉSENT

Il est difficile de donner un tableau à peu près complet de la situation actuelle du Maroc et de la société marocaine, étant donnée surtout la différence très tranchée qui existe entre les mœurs de l'Occident et de l'Orient et qui induit l'observateur à juger parfois le Moghreb à un point de vue tout à fait inexact. Ce qui serait barbare et inhumain, ridicule ou inefficace dans nos contrées d'Europe, s'adapte parfois fort bien aux contingences locales et, certes, le peuple marocain serait le premier à se plaindre d'être délivré de certaines formes d'administration et de gouvernement qui entravent cependant son libre développement : telle la femme de Sganarelle, qui ne permettait à personne d'empêcher son mari de la battre. Ce serait cependant lourdement exagérer que de croire ce peuple heureux dans ses guenilles et sa misère : les exactions, les abus, l'oppression, la barbarie, la tyrannie sont des expressions qui existent aussi dans le vocabulaire arabe ou berbère, et dont les Marocains savent toute la valeur. A cet égard, les nombreuses observations que les voyageurs européens ont faites sur la vie et les mœurs au Moghreb-al-Aksa conservent leur pleine signification, et si elles apparaissent comme défavorables à nos yeux, c'est qu'elles le sont bien réellement et qu'elles accusent un état social qui n'est tolérable, ni par ceux qui en sont les victimes, ni par ceux qui en sont les témoins.

Le gouvernement du Maroc est absolu. Le Sultan est à la fois le chef de l'État et le chef de l'Église. Mais, quelque despotique qu'elle soit, cette autorité est limitée de deux côtés. Du côté religieux, par la classe ulemas, interprétateurs du Coran, et par le scheik-ul-Islam ; et même par l'influence redoutable de certains marabouts, avec ou sans mandat. Le chérif d'Ouezzan, par exemple, est un chef religieux dont les Sultans sont généralement tenus de demander l'investiture. Le chérif actuel s'habille à l'européenne, a demandé la qualité de citoyen français et épousé une femme de chambre anglaise. Son prestige y a perdu, mais non son autorité. Du côté civil, l'autorité du Sultan cesse où cesse l'influence de ses armes ; c'est-à-dire qu'une partie du pays, le *bled-el-makhzen*, pacifique ou industrieuse, admet sa souveraineté et lui paie l'impôt ; tandis que l'autre, le *bled-el-siba*, ne lui paie rien du tout, tire des coups de fusil sur ses mandataires et détrousse ses protégés quand ils passent sur son territoire. Presque toutes les régions montagneuses rentrent dans le bled-el-siba. Si le Sultan y est respecté, ce n'est que nominalement, et souvent en sa seule qualité de chef religieux. Mouley-Hassan, qui s'était un jour rendu à

Oudjda, se vit, à son retour, refuser le passage par la tribu montagnarde des Aït-Zedeg. Sa troupe fut mise en déroute, son cheval tué et le Sultan lui-même y serait resté sans sa bravoure : il s'adossa aux rochers avec quelques hommes et tint tête à l'ennemi jusqu'à ce qu'un nouveau cheval lui fût amené, ce qui lui permit de s'échapper (1). Toute son autorité de maître absolu du Moghreb se réduisit, ce jour-là, à sa valeur individuelle, qui heureusement lui suffit.

Le Makhzen, le gouvernement chérifien, pour nous servir du langage des diplomates, se compose de six ministres responsables. Le grand-vizir est souvent un véritable maire du palais ; à côté de lui, il faut donner une mention très honorable au ministre des Affaires étrangères, Mohammed Torres, un gentleman aux allures discrètes, de descendance espagnole, qui réside à Tanger, et dont la mission délicate est de traiter avec les puissances intéressées au Maroc et de faire échec à leurs convoitises.

A la cour chérifienne, où tant d'influences s'usent à se combattre, et où fleurissent tant d'intrigues, le mauvais café joue encore un assez grand rôle. La politique des favoris est d'écarter par tous les moyens les rivaux qui les menacent et d'endormir l'initiative du Sultan, soit en flattant sa vanité et en le représentant constamment comme le prince le plus puissant de la terre, soit en le confinant dans les délices du harem, qui, pour obéir à la tradition, est généralement très bien fourni.

(1) Gabriel Charmes, *Une ambassade au Maroc.*

Le budget de l'Empire est simple, sans complications inutiles de comptabilité. Il va sans dire que le trésor de l'État et la cassette impériale se confondent. Les impôts sont très divers : dîme des grains, monopoles financiers, taxes douanières, droit sur les caravanes, capitations sur les Juifs, etc. : ce sont revenus ordinaires ; les revenus extraordinaires se composant du produit des amendes et des confiscations, pour ne pas dire des spoliations, qui frappent très communément les familles riches, des tributs volontaires ou forcés, des butins de guerre, etc. On évalue à douze millions et demi le total de ces revenus. Où vont-ils ? C'est ce qu'il est très difficile de déterminer. Les travaux publics sont nuls, les appointements des fonctionnaires d'une maigreur étonnante et la solde de l'armée, très modique, est en outre très irrégulièrement payée. Malgré les amendes périodiques que le Sultan paie à l'Europe pour les infractions commises par quelques-uns de ses loyaux sujets, il doit encore réaliser annuellement des économies considérables. Le Maroc, on le sait, n'a pas de dette publique. Il est vrai que la maison et le harem du Sultan doivent coûter énormément, car M. de Campou affirme avoir vu, chez les Juifs de Fez, des comptes de plus de cent mille francs pour des fournitures de soieries et de draps faites aux dames du sérail. Il ne cite que pour mémoire les achats fantaisistes, que le Sultan fait en Europe, d'horloges perfectionnées, de fusils, de canons, de diamants, de montres à répétition et de pianos mécaniques. La légende, dans tous les cas, s'est emparée du trésor du Sultan, et elle nous le montre voiturant à travers tout l'Empire ses précieuses caisses, et les cachant successivement dans toutes les villes où il est bien sûr d'être le maître (1).

Si ces douze millions étaient les seules charges pesant sur le contribuable marocain, malgré le gaspillage du Sultan, il n'y aurait encore que demi-mal. Mais au-dessous du Sultan il y a toute la hiérarchie

(1) A titre de curiosité, voici, d'après des indications que lui-même déclare être très hasardées, un budget publié, en 1859, par M. JULES DUVAL dans la *Revue des Deux-Mondes* (15 décembre).

Recettes :

1	Contribution sur les terres et les troupeaux	650.000	piastres (de 5,25 fr.)
2	Impôts sur les Juifs	30.000	
3	Droits réunis	950.000	
4	Fabrication de la monnaie	50.000	
5	Douanes	400.000	
6	Vente du tabac	35.000	
7	Droit du fisc	150.000	
8	Location du domaine impérial	40.000	
9	Cadeaux des consuls et des négociants	225.000	
	Total	2.600.000	piastres.

Dépenses :

1	Maison impériale, harem, écuries	110.000	piastres.
2	Entretien des palais et jardins publics	65.000	
3	Cadeaux à La Mecque, aux chérifs, aux mosquées	65.000	
4	Traitement des fonctionnaires	50.000	
5	Armée de terre	650.000	
6	Marine militaire	30.000	
7	Honoraires des consuls en Europe	15.000	
8	Courriers	5.000	
	Total	990.000	piastres.

Économie annuelle 1 million 1/2 de piastres, soit 7 à 8 millions de francs ; en trois siècles, 2 milliards.

des pachas gouverneurs de provinces; des caïds administrateurs de villes et de villages; des fonctionnaires grands et petits, pour lesquels il n'y a point de place au râtelier impérial. Le ministre des Affaires étrangères à Tanger touche soixante-quinze francs par mois; le gouverneur de la ville cinquante francs, et tout le reste à l'avenant (1). On comprend que les fonctionnaires locaux se rattrapent sur le pauvre contribuable. C'est le vampirisme organisé. De là ce proverbe mélancolique que M. de Campou a recueilli sur les lèvres d'un pauvre paysan : « Les sauterelles viennent quelquefois; les sécheresses souvent; les pachas toujours. »

Une taxe extraordinaire, et non des moins élevées, est celle que prélève l'armée qui escorte le Sultan dans ses incessantes promenades. Elle vit sur le pays, et le service du Sultan surtout coûte beaucoup en contributions de toute sorte. Les consuls et les ambassadeurs qui se rendent à la cour de Fez sont également entretenus en route, non point aux frais du chérif, mais aux dépens des populations, qui sont obligées d'apporter des vivres aux *bashadours*.

On comprend d'ores et déjà que la condition du paysan ne doit pas être des meilleures au Maroc. L'exportation des céréales, blé et orge, est aux mains du Sultan. Quand il veut se faire de l'argent, il achète à bas prix, au besoin par la contrainte, la récolte du *krammès*, du paysan, qui serait donc bien embarrassé

(1) Jules Duval. *La question du Maroc et les intérêts européens.*

pour s'enrichir. Il doit d'ailleurs compter avec la dîme, qui est souvent perçue de la plus singulière façon. « Le dixième d'une récolte est peu de chose, dit M. Ludovic de Campou (1), mais il arrive souvent que l'Amin impose, non pas un dixième, mais les douze dixièmes. Je me souviens d'avoir vu dans l'Abda des terres noires, qui sont certainement les plus belles terres du Maroc, absolument incultes, et les Arabes auxquels j'en demandais la raison me répondaient invariablement : « Nous cultivions autrefois et la dîme » nous a ruinés. L'Amin venait voir nos champs qui » étaient superbes ; il nous imposait quarante almuds » de blé, alors que nous n'en avions au battage que » trente, et nous étions forcés d'apporter ces trente » almuds, à nos frais, au port d'embarquement, et de » vendre nos bœufs pour payer le restant ; depuis cette » époque, nous ne travaillons plus. »

Nous avons été frappé nous-même, en parcourant les campagnes du Maroc, de voir devant l'enceinte des villages, aux portes des villes, d'immenses étendues de terrains en friche. Sur les bords de l'Atlantique, les pâturages paraissent dominer ; mais on ne fait que peu ou pas d'efforts pour produire des récoltes, pour exploiter, comme elles mériteraient de l'être, les terres fertiles qui s'étendent de ce côté et qu'arrosent abondamment de nombreux petits ouedan. Entre Tanger et Tetuan on reconnaît çà et là, aux maigres épis

(1) *Un Empire qui croule : le Maroc contemporain.*

qui poussent entre les cailloux, des champs cultivés, grands comme un mouchoir de poche. Partout la pierraille a envahi les terres, et l'absence du travail s'explique par l'absence de la vie : nulle part, l'œil ne rencontre l'amas de petites chaumières boueuses et basses qui décèle au loin la présence d'un village. Sur le parcours entre ces deux grandes villes, il n'y a rien. Les indigènes semblent se cacher dans la montagne. Ils en sortent cependant les jours de marché, poussant devant eux des mulets grands comme des veaux ; mais la charge que portent ces animaux caractérise moins la carrière et les occupations de leurs propriétaires que le long fusil rouillé qui se balance sur le dos des plus fortunés de ces pauvres diables. Gagner de l'argent en vendant leurs récoltes est la moindre des choses : défendre cet argent en envoyant des coups de fusil aux fonctionnaires du Sultan est l'essentiel.

Résultat : une diminution constante dans la production du blé, qui amène à son tour de terribles famines, tous les huit ou dix ans. L'exemple effroyable des Indes anglaises montre quels ravages peut exercer le fléau quand les autorités sont prises en défaut et n'ont pas les moyens immédiats de le combattre. On a beaucoup parlé de cette famine indienne ; les famines marocaines ont une moins bonne presse. Et cependant plus du tiers de la population marocaine a péri de faim pendant la famine de 1878. Des *douars* entiers, hommes, femmes, enfants et bêtes, sont morts d'inanition, et en certains endroits le cannibalisme apparut. Le Sultan et ses caïds n'ouvrirent pas leurs magasins.

C'est merveille, si, au milieu de cette communauté de misères et de souffrances, la famille se maintient autre part que parmi les privilégiés des villes. La condition de la femme est d'ailleurs misérable : jouet pour les riches, bête de somme pour les pauvres. Trop souvent aussi l'intérieur du Maure est bouleversé par ces drames intimes que cachent les Occidentaux. L'adultère est puni par les lois avec la dernière rigueur; il l'est souvent aussi par l'assassinat.

Au-dessous de la famille et de la domesticité, il y a l'esclavage. Car ce serait une erreur de croire que l'esclavage ne saurait exister ainsi, à portée de la répression européenne. Chaque année, de longs convois de bois d'ébène arrivent du désert et sont vendus sur les grands marchés du Maroc, à Marrakech notamment, pour être distribués ensuite par tout l'Empire.

Le plus singulier, c'est que, depuis l'intervention des consuls, les marchés d'esclaves prennent de l'extension. Le ministre britannique ayant obtenu un décret du Sultan prohibant la vente des esclaves à Saffi, qui est un port de commerce en relations suivies avec l'Europe, le marché de Saffi s'est développé (1). Les fonctionnaires locaux ont affecté d'ignorer la défense du Sultan et ont prêté les mains, avec plus de zèle que jamais, à ce hideux commerce. Le correspondant de Saffi de la *Cronica* lui a envoyé la

(1) *Times*, weekly edition, 10 déc. 1897.

mercuriale suivante qui donne l'état du marché durant les mois d'août, de septembre et d'octobre de l'an de grâce et de civilisation 1897 : « La marchandise noire a été plutôt rare cet été, ce qui est sans nul doute dû à la rébellion du Sous, qui en fournit la plus grande partie. Une autre raison est que les acheteurs ne sont pas trop désireux de faire des acquisitions en ces temps durs et par les hauts prix actuels de la nourriture... Le 25 août, une fillette de huit ans a été vendue 23 piastres. La mère, apprenant qu'on lui avait enlevé sa fille, s'en plaignit à son maître, qui refusa de donner suite à la demande en restitution qu'elle lui fit. Alors elle s'adressa à un chérif, qui lui donna l'argent nécessaire pour racheter sa fille, qu'elle parvint à reprendre au prix de 35 piastres, soit 12 piastres de plus qu'elle n'avait été vendue (27 octobre). — Une autre vente publique a eu lieu : une négresse avec ses deux fils, l'un à la mamelle et l'autre âgé de six ans. Ils furent vendus finalement pour 55 piastres. Au commencement, diverses offres furent faites pour l'aîné des enfants seul, un homme offrant 20 piastres ; mais le propriétaire refusa de se défaire de sa marchandise humaine pour moins de 25 piastres, de sorte que, grâce à ces cinq piastres, l'enfant ne fut pas séparé de sa mère (1). »

(1) Extrait du rapport de notre envoyé à Fez, M. Daluin, paru au *Moniteur Belge*, du 5 octobre 1866 :

« A Fez même il existe un marché d'esclaves et, chaque soir, on y vend des nègres et des négresses. Ces ventes se font aux

Divers auteurs prétendent, il est vrai, que le sort des esclaves au Maroc n'est pas si profondément malheureux qu'on pourrait se l'imaginer, et qu'ils sont mieux traités, en définitive, que ne l'étaient autrefois les nègres d'Amérique. On aime à croire, en vérité, que l'exemple du bon chérif, qu'on a lu plus haut, n'est pas isolé. Mais la cruauté, si elle n'existe pas au foyer familial, est beaucoup plus fréquente dans les magasins des négriers et des éleveurs, car on ne sera pas surpris d'apprendre que l'élevage des nègres est une des rares industries (?) qui ne périclitent pas dans l'Empire de Mouley Abdul-Aziz.

Le passage suivant d'une lettre adressée à M. Charles H. Allen, secrétaire de la *British and Foreign Anti-Slavery Society,* mérite d'être noté : « Il vous intéressera peut-être de savoir que nous avons pour voisin un

enchères, sur une petite place ; le crieur fait plusieurs fois le tour de la place. suivi de l'esclave exposé en vente : les acheteurs, toujours fort nombreux et appartenant généralement à la classe aisée de la population, sont rangés autour de la place et surenchérissent.

„ J'ai vu vendre des négresses faites pour 150 mitskals (environ 250 francs). Les jeunes négresses valent beaucoup plus, surtout les Abyssiniennes, qui sont fort belles et très recherchées par les Maures de qualité.

„ Les nègres se vendent 300 à 350 francs, suivant leur âge et leur force.

„ Ces pauvres gens ne paraissent nullement intimidés d'être ainsi vendus à l'encan : on ne peut attribuer cette indifférence qu'à l'état d'abrutissement dans lequel les tient l'esclavage, et à l'ignorance absolue des droits naturels de l'espèce humaine. Ils croient simplement que les choses doivent être ainsi et qu'ils sont nés pour ce trafic. „

Amin retiré, qui a un vaste établissement d'esclaves et qui est très cruel à leur égard. Il y a quelque temps un pauvre petit esclave, qui pouvait avoir huit ans, souffrait de maux de dents et criait, ce qui ennuyait son maître. Il fit venir le barbier et arracher toutes les dents à l'enfant. Ceci n'est qu'un exemple de ce qu'il a coutume de faire ; souvent nous entendons, venant de son jardin, les cris des esclaves battus, et cet homme, s'il vous plaît, a été en Angleterre et a résidé pendant un certain temps à Manchester, où il exerça le commerce (1). »

Un autre genre d'esclavage est le recrutement forcé pour l'armée du Sultan. En principe, toutes les tribus du bled-el-makhzen doivent fournir au souverain un combattant par foyer ; mais les caïds, sous la direction desquels s'opère le recrutement, ramassent d'ordinaire tous les hommes qui se trouvent à leur portée, les enchaînent pour qu'ils ne s'échappent pas et les livrent ensuite au maître, qui les garde jusqu'à leur mort, à moins qu'il ne consente à accepter en remplacement un membre de leur famille (2). Le soldat néanmoins, malgré sa paie modeste de quatre sous par jour, se fait vite à la vie des camps, car il est essentiellement nomade, et le Sultan s'entoure d'une armée de dix mille hommes au moins chaque fois qu'il part en voyage.

L'armée du Maroc se compose aujourd'hui d'un noyau de dix mille soldats d'infanterie, de quatre cents

(1) *Times*, weekly edition, 23 nov. 1897.

(2) Reclus, *L'Afrique septentrionale*.

cavaliers et de quelques batteries de canons de campagne commandés et exercés à l'européenne par des officiers européens. Il faut ajouter à ces forces 2000 cavaliers et 10.000 fantassins irréguliers, plus 8000 hommes de milice (1). En temps de guerre, le total des forces que pourrait réunir le Chérif est de 40.000 hommes — sur le papier. Un seul choc avec une petite armée européenne, ou bien avec une armée indigène exercée à l'européenne, en aurait raison, malgré l'incontestable valeur du soldat marocain, — fataliste comme tous les musulmans et très dédaigneux du danger, — et la valeur reconnue de la garde noire du Sultan. On l'a bien vu à la bataille de l'Isly, où la discipline des troupes algériennes de Bugeaud triompha sans peine de la fougue maladroite des Marocains. Il va sans dire qu'il n'y a dans l'armée du Sultan ni génie, ni intendance, ni services sanitaires. L'ancien mot d'ordre de l'armée d'Algérie est très en vogue au Maroc : chaque officier, chaque soldat n'a qu'à se « débrouiller (2) ».

(1) SCOTT KELTIE, *The Statesman's Year Book.*

(2) Le caïd HARRY MACLEAN, un Écossais qui occupe depuis vingt-cinq ans une haute position militaire à la cour chérifienne, a donné les renseignements suivants sur la condition actuelle de l'armée marocaine :

“ Sous le présent vizir la condition de l'armée a été considérablement améliorée, et il est assisté très habilement par son frère, Si Saïd, commandant en chef. L'armée régulière se compose d'infanterie, de cavalerie et d'artillerie, donnant un chiffre rond de 40.000 hommes — toutes troupes plus ou moins exercées. Elles sont armées de Martiny-Henry, ont deux batteries de canons Gardner et un Maxim, dans le maniement desquels elles sont très

Bien distribuée en garnisons, pourvue de chefs énergiques et honnêtes, cette armée pourrait cependant contribuer largement à restaurer dans le pays une sécurité relative. Dans le bled-el-makhzen il faut encore voyager avec une escorte; et dans le bled-el-siba, il faudrait ne pas voyager du tout. Le meilleur moyen de pénétrer dans l'intérieur du Maroc est d'attendre qu'une ambassade parte de Tanger pour Fez et de s'y joindre. C'est ce qu'ont fait les gens de lettres et les artistes qui nous ont rapporté les impressions les plus originales du Maroc, Edmondo de Amicis, Gabriel Charmes, Edmond Picard et d'autres. Le voyageur qui n'a pas cette chance s'entourera, sur les conseils de son consul, d'une garde d'Arabes ou de nègres à la bonne foi desquels il s'abandonnera. Le Baedeker, qui a cinq pages pour Tanger et tout le Maroc, ne lui permet pas de s'aventurer seul au delà du cap Spartel.

Les actes de piraterie commis sur les côtes du Maroc sont fréquents ; les assassinats de voyageurs dans l'intérieur du pays, assez nombreux encore. Il ne faudrait cependant pas s'exagérer les difficultés d'un

adroites. L'artillerie, avec ses canons Krupp et ses batteries de montagne, est instruite par une mission militaire française que composent un commandant, un capitaine, un adjudant et un médecin, qui vivent tous à la cour. Il y a aussi une autre mission française à Rabat, sur la côte, composée d'un capitaine et de quelques sous-officiers, qui exercent l'infanterie à Dar-el-Baïda, Rabat et Salé. En outre de l'armée régulière, le caïd de chaque tribu doit fournir un contingent dont la force dépend de la situation de la tribu. Ces contingents sont employés pour réprimer des désordres locaux. „ *Times*, weekly edition, 13 octobre 1899.

voyage dans ce pays. On ne prête qu'aux riches, ce qui fait qu'il se commet, malgré tout, moins de méfaits au Maroc qu'on ne le dit. De nombreuses affaires, dont retentit régulièrement la presse européenne, amènent devant Tanger et Mogador des navires de guerre de tous pavillons, destinés à appuyer les réclamations des consuls. Tantôt c'est un meurtre, tantôt un vol, tantôt un emprisonnement illégal dont sont victimes des Européens. A notre arrivée à Tanger, il y avait devant la ville deux croiseurs anglais ; à notre départ, on annonçait l'arrivée d'un cuirassé italien : c'est ainsi toute l'année. La réputation du Maroc n'y gagne pas. Or, il importe de dire que les affaires dont il s'agit ne sont pas toujours limpides comme le cristal. Le Moghreb occidental est riche en batteurs d'estrade de toutes les nationalités, fort habiles à s'attirer des désagréments que le Sultan sera obligé plus tard de leur payer en bel argent comptant (1).

Il faut tenir compte également de certaines exagérations dans les récits des voyageurs. Entre Tetuan et Tanger vivent les Andjeras, qui nous ont paru être des gens paisibles et tranquilles. Un compagnon de route occasionnel, M. Cunninghame Graham, très au courant du pays et de ses mœurs, nous conta que c'étaient des gens charmants, qui faisaient souvent aux étrangers la politesse de concourir avec eux au tir à la

(1) Les exemples en sont fréquents. Voir, notamment, un récit récent de MM. A. et R. GARNIER dans la *Petite Bibliothèque illustrée des Voyages*, de C. SIMOND.

cible. Nous avons été surpris de voir qu'un écrivain français, M. Ch. Yriarte, les considérait comme « la plus barbare et la plus fanatique de toutes les tribus du Maroc » (1). De Amicis déclare que les marabouts de Tanger ont la mauvaise habitude de cracher à la figure des chrétiens ; il assure — et beaucoup de voyageurs en font autant — que pendant leurs chevauchées dans l'intérieur, les habitants les insultaient abondamment. Nous avons voyagé pendant plusieurs jours en plaine et dans les montagnes : nulle part nous n'avons été molesté ni même insulté.

La vérité est que le voyageur est moins exposé à des molestations systématiques qu'à une attaque soudaine causée par la cupidité ou le fanatisme. La misère et la haine de l'Européen, attisée par des marabouts, sont les mauvaises conseillères des Berbères. C'est ainsi que nous fûmes obligé de faire un détour pour éviter Chichaouen, bourgade sainte, où un Anglais avait failli être massacré quelques jours auparavant et n'avait dû son salut qu'à la vitesse de son cheval. Chez une tribu montagnarde voisine nous trouvâmes au contraire une hospitalité, un peu hargneuse sans doute, mais sans conséquences. Avec un peu de prudence et de discernement, on peut voyager assez paisiblement dans l'intérieur. L'escorte prise à Tanger, où doit figurer au moins un soldat du Sultan, est moins une garantie de protection qu'une promesse d'indem-

(1) *Souvenirs du Maroc.*

nité éventuelle : il est sage de ne pas compter sur ses fusils rouillés et de se conformer simplement au vieux précepte : *chi va piano va sano*. Il vous mène généralement à bon port.

Le vol, malheureusement, dépasse le meurtre en fréquence et surtout en audace. Il est des tribus qui comptent des virtuoses du vol auprès desquels pâliraient d'envie les meilleurs pick-pockets de Londres.

Les Beni-Hassan notamment, qu'on rencontre sur la route de Fez, ont comme voleurs de douars une réputation extraordinaire, non surfaite d'ailleurs. Edmondo de Amicis raconte que les jeunes garçons de cette tribu ont chacun sa spécialité : l'un vole les chevaux, un autre vole le bétail, un troisième vole simplement les bourses. Ils se glissent nus dans les camps, pour faire peur aux chiens, et enduits de savon, pour mieux s'échapper en cas de surprise. On conte, comme un très bel exploit, le cas du voyageur qui ne retrouva plus en se réveillant, le matin, le sac d'argent dont il s'était fait un oreiller (1). Le cuisinier de l'ambassade italienne qu'accompagnait l'écrivain, ne se fiant pas à ces diables de Marocains, avait attaché au pied de son lit le mouton qui devait servir au dîner du lendemain. Le matin, le mouton avait disparu. « Quand le pauvre diable, dit de Amicis, s'aperçut du vol, il resta pendant une demi-heure immobile devant sa tente, les bras croisés et les yeux obstinément fixés

(1) *Marocco.*

sur l'horizon, en s'écriant de temps en temps dans son patois de Turin : *Ah Madona santa, che pais, che pais !* »

Quel pays, quel pays ! Ce pourrait être le mot de la fin.

Si le crime fleurit au Maroc, ce n'est pas faute de sévérité de la part de la justice, qui est terrible et expéditive entre toutes. Il est vrai que les riches s'acquittent assez souvent en donnant le prix du sang ; mais les pauvres paient sans rémission possible leur dette à la justice, et même plus que leur dette.

Que l'on sache d'abord que les arrestations se font, au Maroc, sans beaucoup de précautions. Dénoncé, soupçonné, prévenu, c'est tout comme. L'homme est mis en prison, et tant pis pour lui si on l'y oublie. Les prisonniers ne sont pas nourris par l'État : leurs familles sont autorisées à leur passer des vivres, à travers les barreaux de la geôle. S'ils n'ont pas de famille, ils s'arrangent comme ils peuvent. Nous ne résistons pas au désir de reproduire ici la description que fait Edmond Picard de cette célèbre prison de la Kasbah de Tanger, que les voyageurs vont visiter invariablement, comme une antichambre de l'Enfer, un cercle oublié par le Dante. La veille, notre éminent compatriote avait vu enterrer un Maure : cet homme était mort de faim en prison.

« Un antre, dit M. Picard (1), oui, sous une lumière caverneuse, descendant par l'ouverture quadrangulaire

(1) *El Moghreb-al-Aksa.*

d'un toit en terrasse, bas, formant abri le long des murs, soutenu par des supports lourds, espacés, derrière lesquels l'ombre s'accumule. Le coloris triste, sordide, crépusculaire des taudis où la souffrance tisse ses toiles. Dans les fonds, en perspective, des figures accroupies, couchées, quelques-unes debout, formant des groupes lugubres, silencieux, déguenillés ; hâves, demi-nues ou endjillabées (1), immobiles ou lentement occupées, en mouvements découragés de malades, à tresser des paniers de filaments d'aloès et de joncs. Une tristesse infiniment morne. Un peuple de fantômes dans une longue cavité souterraine, des morts mal ressuscités, des pestiférés délaissés en un lazaret maudit et résignés. Encore, et mieux peut-être, la cale d'un navire sombré, avec les corps des noyés, surpris dans les entreponts par la catastrophe, flottants, tragiquement muets et livides... Une odeur de chenil mal tenu, de ménagerie, nous monte, tiède et faisandée, aux narines... Toute la prison s'est mise à verminer et, vers nous, des reclus rampent ; plusieurs cerclés aux chevilles d'anneaux de fer réunis par une courte chaîne, glissant, amaigris, disant quelques mots et tendant la main. On ne les nourrit point. On ne leur doit que de l'eau claire... »

Tel est le spectacle que le gouvernement du Moghreb ne craint pas d'étaler aux yeux des résidents étrangers, nombreux à Tanger et forts de la proximité de

(1) La *djillab* est le vêtement national du Maure. Elle correspond au *burnous* de l'Algérien.

l'Europe, toujours prêts à dénoncer à voix haute ces barbaries honteuses. Que l'on juge ce que doit être la justice à l'intérieur du pays, dans les régions où les Roumis ne mettent pas les pieds !

Nous ne parlons pas de la justice directe du Sultan, qui clôture généralement une expédition entreprise contre des rebelles. Les têtes des principaux vaincus vont orner les portes de la ville la plus proche. En 1892, Mouley-Hassan réserva un supplice spécial aux rebelles Andjeras : ils eurent les mains ouvertes à coups de rasoir ; on sema du sel sur la blessure, on y plaça un caillou pointu, puis la main fut refermée, enveloppée d'une peau de bœuf mouillée et fortement cousue qui, en se rétrécissant, causa des tortures telles que la plupart des suppliciés devinrent fous avant de mourir (1). Ce supplice n'est pas exceptionnel : on l'inflige parfois aux simples voleurs.

Dans une interview avec un rédacteur du *Figaro*, le professeur Larroumet, parlant du Maroc, a cité un procédé de torture neuf :

« Ce que j'ai vu de plus féroce là-bas, dit-il, c'est un supplice qui consiste à endormir un homme avec du chloroforme ; on ouvre le ventre au patient, on le remplit de cailloux pointus, on recoud et on attend le réveil. Rien n'égale la joie des bourreaux. »

La loi du talion, pour les blessures et les crimes, résume le code pénal marocain. M. Drummond Hay,

(1) Earl of MEATH, *A Land of incredible Barbarity : Morocco*, " Nineteenth Century ", juillet 1894.

ministre d'Angleterre, renversa un jour par mégarde, dans les rues de Fez, une vieille femme, qui se cassa deux dents : elle réclama, comme une chose due, qu'en retour on brisât aussi deux dents au représentant de Sa Majesté Britannique. *Ab uno disce omnes.*

La peine de mort, sans tortures préalables, consiste généralement dans la décollation. Les amateurs d'art se souviennent sans doute de la toile d'Henri Regnault, un passionné du Maroc, intitulée *Une exécution à Tanger* : le bourreau, debout sur les marches de marbre d'un palais, essuie gravement son glaive sanglant ; son visage exprime la majesté de la loi bien plus que la férocité du meurtre, tandis que la tête du criminel, à ses pieds, montre des traits crispés par un dernier rictus de colère et de terreur.

Il paraît qu'il faut en rabattre et que les exécutions au Maroc n'ont pas toujours cette splendeur picturale. De Amicis tient de Drummond Hay le récit d'une exécution qui eut lieu aux portes de Tanger.

« La décollation, dit-il, devait avoir lieu sur la place qui sert d'abattoir aux Juifs. Un Maure des plus vulgaires, habillé en abatteur, attendait les condamnés. Il avait à la main un petit couteau qui pouvait avoir six pouces de long. C'était le bourreau. Ce n'était qu'un habitant de Tanger, mais il s'était présenté pour ce cas, parce que les abatteurs mahométans de la ville, qui sont ordinairement requis pour exécuter les arrêts de mort, s'étaient tous réfugiés dans une mosquée. Il y eut une dispute entre les soldats et le bourreau au sujet du salaire qui lui était promis, et les malheureux qui se trouvaient là durent écouter comment on se querellait pour le prix de leur sang. Le bourreau prétendait qu'il avait exigé dix piécettes pour une seule tête, et qu'on devait lui en donner encore deux pour la seconde. L'officier finit par consentir, quoique visiblement à regret. Alors l'abatteur saisit le premier condamné, qui était déjà à moitié mort de peur, le jeta à terre et lui plongea le couteau dans la gorge. Drummond Hay détourna la tête. Il lui parut qu'une lutte violente avait lieu. Le bourreau cria : « Donnez-moi un autre couteau, le mien ne coupe pas ». Pendant ce temps, le condamné était couché sur le dos, hoquetant, la gorge à moitié coupée, et secoué par les convulsions. On tendit un autre couteau et le bourreau réussit enfin à détacher la tête du tronc (1). »

Après un sursis de quelques minutes, pour permettre au fils du gouverneur d'accourir et de voir ce spectacle, l'autre condamné fut expédié un peu plus proprement, non sans qu'on se fût de nouveau disputé au préalable sur le prix. Les soldats qui rapportaient les deux têtes en ville rencontrèrent en chemin un messager apportant la grâce des deux malheureux : un ruisseau débordé l'avait mis en retard. Le lendemain, le bourreau amateur fut trouvé égorgé à la place même de l'exécution. Le meurtrier était un parent d'une des victimes : pour ne pas trop compliquer l'affaire on jugea bon de ne pas l'inquiéter.

(1) Edmondo de Amicis, *Morocco*.

Telle est la justice au Maroc.

Le département des Travaux publics, — car il y a un ministère des Travaux publics, — n'est pas plus glorieux que celui de la Justice. Ses travaux se réduisent à l'entretien des palais et des jardins du Sultan : hors de là, on ne fait rien, absolument rien. Quand parfois on se décide en haut lieu à consacrer une somme d'argent à un travail nécessaire et urgent, la somme glisse et se fond entre les doigts des fonctionnaires, avant qu'une pierre ait été levée ou une brouettée de sable déplacée.

Très souvent des sociétés européennes se sont offertes pour construire des ports ou des routes, mais toujours leurs offres ont été déclinées. Les sentiers escarpés, les brisées semées de carcasses d'animaux ou de débris en pourriture suffisent au Maroc, qui n'a besoin de personne, *Marocco fara da sè.*

En 1839 — l'histoire nous est contée par M. Drummond Hay (1) — le prince Frédéric de Hesse-Darmstadt vint passer quelques mois à Tanger, et apporta avec lui deux vieilles berlines. Les autorités locales ne lui permirent pas d'en user. Le prince écrivit alors au Sultan pour lui offrir de faire paver, à ses frais, la principale rue de Tanger, s'il lui était permis de sortir en voiture. Très gracieusement le Sultan accorda la permission, mais à la condition expresse que le prince ferait enlever les roues à ses berlines, qui, sans cela,

(1) *Western Barbary.*

pourraient mettre constamment en péril la vie de ses bien-aimés sujets. Le prince de Hesse-Darmstadt, qui était un philosophe, fit en conséquence retirer les roues d'une des voitures et se promena dans les rues de Tanger suspendu entre deux mulets.

Quant à l'instruction, elle est nulle au Maroc. Les plus hauts personnages sont d'une ignorance stupéfiante. « A mon arrivée à Fez, dit M. de Campou (1), on me dit qu'il y avait dans tout le Maroc deux savants seulement. Et quels savants ! Le premier, le caïd Ben-Soueiri, grand-maître de l'artillerie, savait autrefois prendre un niveau, et a une partie des connaissances du dernier arpenteur de France. Le second, le caïd Ben-Abdallah, qui a encore, paraît-il, plus de mérite, réside à Maroc. Je le vis dans cette ville. Après les salutations d'usage, je lui montrai mon baromètre, mon thermomètre et ma boussole. Il jeta un regard distrait sur les deux premiers instruments ; mais d'un air de fin connaisseur, il prit aussitôt ma boussole et l'approcha de son oreille, l'agita un moment, et resta dans le plus profond silence. Il me la rendit après quelques minutes, me disant qu'elle ne valait rien, elle ne sonnait pas. Il confondait le magnétisme et l'horlogerie. »

Le Sultan envoie bien parfois des missions à l'étranger; mais à leur retour elles se gardent bien de déprécier l'Empire au bénéfice des pays étrangers et, pour

(1) *Un Empire qui croule : le Maroc contemporain.*

se rendre agréables, proclament qu'elles n'ont rien vu de plus beau que le Maroc, ni rien de plus noble que son souverain. Quant aux jeunes gens envoyés en Europe pour faire des études dans les universités et qui reviennent avec le grade d'ingénieur, on les relègue, en leur donnant des salaires de famine, dans les plus bas emplois.

L'instruction populaire se réduit à l'étude du Coran et les jeunes Marocains y sont encore volontiers rebelles. De Amicis vit, en cours de route, un gamin qui se promenait depuis deux ans avec une barre de fer attachée aux deux pieds : cette punition lui était infligée par son père, parce qu'il ne voulait pas étudier. La barre de fer était le plus efficace trait d'union que l'ingénieux Marocain avait pu trouver entre l'antique notion de l'autorité paternelle et celle, plus moderne, de l'instruction obligatoire. L'infaillible Sultan lui-même n'est pas plus savant que ses ministres. Un jour que Mouley-Hassan discutait avec un Français sur le voisinage de l'Algérie, il se fit apporter une mappemonde pour y voir le cours de la Molouya. Et comme son interlocuteur lui objectait que le Maroc était trop petit sur cette carte : « C'est vrai, lui répondit-il ; aussi j'avais demandé à un Européen de mes amis de me faire faire une carte particulière et complète du Maroc qui fût ainsi sur un globe ; mais il a prétendu, je ne sais pourquoi, que cela n'était pas possible. Je lui ai proposé alors de me faire un globe terrestre comme celui-ci, dont le Maroc tiendrait tout un côté et le reste du monde l'autre ; mais il m'a soutenu, je ne sais toujours pas pourquoi, que c'était encore plus difficile. J'en suis fâché, car il est bien commode, en voyage, d'avoir une carte qui s'ouvre et se ferme à volonté. » (1)

Les juifs sont les plus instruits des habitants du Maroc. Trois écoles dignes de ce nom, les seules du pays, ont été fondées à leur intention à Tanger, à Fez et à Tetuan par l'Alliance Israélite. La condition des juifs, comme nous l'avons dit, est misérable. Mais leur utilité, en tant qu'intermédiaires commerciaux, n'est pas méconnue, car on s'oppose à leur émigration. L'israélite, malgré le mépris où il est tenu, peut s'assurer, en payant une somme convenue, la protection de quelque haut personnage ou même d'une tribu tout entière, et commercer en paix. Mais certains marchés, réservés aux seuls croyants, les lieux de pèlerinage et de prière lui sont interdits. Il est même quelques tribus qui refusent le passage aux juifs et les pourchassent. L'israélite ne peut traverser leur territoire qu'à la faveur d'un déguisement, et s'il est découvert, il risque une mort immédiate. Il va sans dire que les juifs sont fréquemment dévalisés et assassinés, malgré toutes les précautions qu'ils prennent et parfois aussi malgré toutes les protections, dont, à force d'humiliations, ils sont parvenus à s'entourer.

Il est incontestable que, sans la protection de leurs

(1) Gabriel Charmes.

consuls, la condition des Européens serait très mauvaise au Maroc. Non point, peut-être, tant à cause de la population elle-même qu'à cause des excitations dont elle est l'objet de la part des marabouts déguenillés qu'on rencontre un peu partout. Mais les agents des nations européennes agissent généralement avec une vigueur que la cour chérifienne a appris à redouter. L'indigène qui attenterait à la vie d'un Européen serait sûr de périr ; il est vrai que cette conviction ne l'arrête pas toujours, et que l'Européen est souvent en droit de se tenir le raisonnement de Triboulet : « Que m'importe que mon meurtrier meure vingt-quatre heures après moi ? Je préférerais que ce fût vingt-quatre heures avant ». Dans les villes de l'intérieur, les blancs sont rares ; mais à Tanger la colonie européenne est nombreuse, connaît sa force et en use à loisir : elle s'estime chez elle et domine complètement la population indigène. Aussi, dans la langue populaire, Tanger, souillée par la présence des chrétiens, n'est plus que « Tanger la Chienne », et le Sultan refuse d'y séjourner.

De tout ce qui précède nous voulons conclure que si le Maroc n'est pas très habitable, la faute n'en est ni à la nature, ni à l'ensemble de ses habitants. Elle incombe tout entière à un gouvernement tyrannique et à une poignée d'agitateurs religieux. Il est probable que, sous l'empire d'une législation respectant leurs besoins, leurs mœurs et leurs croyances, les tribus les plus belliqueuses se convertiraient aux travaux agricoles. Nous avons défini plus haut les principaux défauts du caractère marocain : presque tous se rencontrent chez les peuples soumis à la tyrannie, habitués, par l'exemple de leurs maîtres, à la souplesse, à l'hypocrisie, à l'orgueil et à la cruauté. Cependant la réputation de ce peuple est détestable entre toutes : « C'est le creuset, dit M. G. Montbard (1) en parlant du Moghreb, où sont venues se fondre la bestialité du nègre, la férocité de l'Arabe, l'astuce du Maure, la violence du Berbère, la fourberie du Juif, la bassesse d'une poignée de renégats, l'écume de la population de l'Europe, donnant, comme résultante, le Marocain, un composé de tous ces vices, une espèce inutile et nuisible qui disparaît devant l'invasion des Occidentaux... »

Exagération manifeste, contre laquelle ne sauraient assez protester ceux qui ont vécu, ne fût-ce que pendant quelques jours, dans l'intimité de ces populations qui ne sont sauvages que par ignorance, cruelles par éducation, pillardes par pure misère. Qu'on n'oublie pas que les ascendants de ces Arabes et de ces Berbères, gouvernés par des princes éclairés et libéraux, donnèrent un jour sa plus complète expression à la civilisation orientale, et que leur culture domina de très haut la semi-barbarie des occidentaux. Ce que la tyrannie leur a fait perdre, la liberté peut le leur faire regagner. La conquête européenne serait pour eux une rédemption. Et l'avis général est qu'elle ne saurait plus tarder longtemps (2).

(1) *A travers le Maroc.*

(2) VICTOR DEVILLE, *Le Partage de l'Afrique.*

CHAPITRE IV

L'AVENIR

Tout l'avenir du Maroc réside dans sa richesse économique, qui le désigne, bien plus que sa position stratégique, à la conquête européenne. Ce pays si mal gouverné, tombé si bas, est en effet un des plus riches du globe, un de ceux qui joueront un rôle prééminent dans les relations économiques aux siècles prochains.

La valeur du Maroc est plus grande aux yeux des nations du nord qu'au point de vue des pays qui en sont le plus rapprochés. L'Espagne notamment, peu peuplée et peu riche, ne se presse pas de commercer avec un pays qui ne lui donnerait que ce que son sol lui fournit déjà ; tandis que l'Angleterre, et l'Allemagne surtout, ont un intérêt direct à aller chercher au Maroc les produits que leur propre sol ne leur donne pas et qu'ils ne peuvent, comme c'est le cas pour l'Allemagne, tirer de leurs colonies. A ce titre, ce pays doit séduire également le commerce belge. « Ceux qui ont résidé au Maroc, disait naguère notre ministre à Tanger, M. le baron Whetnall, assez longtemps pour l'apprécier en connaissance de cause, s'accordent à reconnaître que de tous les marchés du monde ce pays est, proportionnellement à son étendue, à la fois un des plus riches et des plus importants ; et que, au milieu de la crise actuelle de notre industrie (1888), les centres commerciaux même de second ordre ne devraient pas être négligés. » Et il ajoutait ces lignes, qui sont plus que jamais d'actualité : « J'ai lieu de m'étonner de voir les Belges chercher des débouchés dans des pays fort lointains et jusque dans l'Extrême-Orient, tandis qu'à une distance relativement faible de nos ports ils trouveraient des contrées peu exploitées et dont l'avenir paraît brillant. »

Depuis la plus haute antiquité, le Maroc jouit d'une réputation d'exceptionnelle fertilité. La Mauritanie Tingitane était considérée comme un des greniers du monde connu. Les conditions climatériques qui favorisent ce pays l'ont doué d'une végétation luxuriante, qui participe à la fois de la zone tempérée et de la zone tropicale. La région cultivable du Maroc, dont une petite partie seulement est exploitée, représente plus de 80.000 kilomètres carrés. Elle produit du blé, de l'orge et du maïs; l'esparte et le chanvre. Le Sous et la province de Dukalla sont surtout renommés pour la fécondité de leur sol. Les Marocains, en certains endroits du pays, se servent assez habilement d'irrigations : quelques fleuves du sud sont même entièrement captés par les campagnes qui les avoisinent et ont cessé de se déverser dans la mer. Sans nul doute, on pourrait donner une plus grande extension à ces irrigations et féconder artificiellement de grandes superficies de terrain. Le jardinage, la culture maraîchère prospèrent comme dans les banlieues urbaines de l'Andalousie : les pois, les fèves, les légumes de toute catégorie constituent un des principaux articles d'exportation du Moghreb occidental. Les fruits aussi réussissent admirablement : pommes, poires, cerises, dattes, bananes, prunes, olives, amandes, figues, oranges, citrons, toutes les variétés méditerranéennes. Les forêts d'oliviers sont mal exploitées par les indigènes : elles pourraient donner de très belles récoltes d'huile. Une spécialité du pays est l'arganier, dont le fruit renferme un noyau qui donne une huile à la fois alimentaire et industrielle : les Arabes, qui la consomment, s'en servent également pour s'éclairer, et elle serait bonne, sans nul doute, pour le graissage des machines et la savonnerie. Le bétail pourrait se nourrir des tourteaux d'arganier, comme il se nourrit du fruit de cette plante. Chaque plant d'arganier fournissant dix litres d'huile, on comprend quel parti l'industrie européenne peut tirer d'une pareille exploitation. Quant à la vigne, qui est devenue une des plus sûres ressources de l'Algérie, elle croît en abondance au Maroc ; mais les musulmans, auxquels le Coran défend, comme on sait, l'usage du vin, ne l'exploitent pas : seuls les juifs en tirent une boisson sucrée, qui ne ressemble que très vaguement à du vin et que les indigènes consentent à consommer. L'exploitation des vignobles et la fabrication des huiles constituent donc pour ce pays de magnifiques ressources d'avenir.

Le sol du Moghreb se prête également à l'horticulture. On y pourrait cultiver les roses comme à Nice ou à Grasse, et fabriquer des essences de parfumerie.

D'autres cultures alimentaires ou industrielles manquent encore au Maroc ou ne s'y rencontrent que très peu, qui ne demanderaient cependant pas mieux que d'y prospérer. Le henné, une plante tinctoriale dont les indigènes tirent une belle couleur rouge ; l'alfa, la plante textile d'Algérie ; le tabac, cette autre ressource de la colonie française ; la canne à sucre, autrefois fort cultivée au Maroc et dont des expériences récentes de remise en culture ont donné des résultats inespérés ; le thé, que le pays consomme mais ne produit point et qui y trouverait des conditions de culture excellentes ; le mûrier, qui prospérerait dans les chaudes régions du Tell et implanterait au Maroc la sériciculture ; et tant d'autres productions encore, qui n'ont point échappé aux spéculations expertes des observateurs.

Les croupes de l'Atlas sont recouvertes de vastes forêts : c'est encore une des supériorités du Maroc sur les autres pays barbaresques, où le déboisement est très avancé. Parmi ces bois il faut citer les chênes, les sapins rouges, les pins sylvestres, les cèdres et surtout les chênes-lièges. Dans la sierra Andjera on trouve des peupliers blancs, des lauriers roses et des exemplaires magnifiques du frêne oxyphylla (1). Mal-

(1) Nous empruntons ces détails à un rapport très complet, paru en 1886 au *Recueil Consulaire* de M. le baron Whetnall, notre ministre résident à Tanger.

heureusement, le manque de voies de communication, le débit faible et irrégulier des fleuves, qui ne permet pas le flottage des bois, rendent difficile l'exploitation de ces forêts, dont les essences et les bois de construction alimenteraient un commerce considérable. En attendant les indigènes déboisent les flancs de l'Atlas en mettant le feu aux forêts, dans le seul but de se ménager quelques hectares de terre cultivable. Et comme le charbon n'existe pas dans le pays, depuis des siècles ils le remplacent par du bois. Il serait grand temps, vraiment, qu'une exploitation rationnelle vînt tirer un parti plus utile des dernières forêts de l'Afrique mineure.

L'élevage, au Maroc, convient surtout aux moutons et aux chèvres, qui sont très nombreux dans le sud. Les porcs sont rares, mais le gros bétail est assez abondant dans certaines parties de l'Empire. Les mulets, les ânes, les chameaux sont, avec les chevaux, les animaux domestiques les plus communs. Les chevaux marocains, les fameux *barbes*, ont fort dégénéré, si l'on en juge par l'apparence générale. Mais c'est à tort que certains voyageurs ont prétendu que le cheval barbe n'était plus qu'une légende. Le Sultan et de hauts personnages de l'Empire en ont conservé soigneusement la race, et il y a peu d'années encore, une ambassade marocaine a pu en présenter une douzaine au président de la République française. En somme, il y aurait là des haras à fonder, toute une race à reconstituer aussi soigneusement que le permettent les ressources de l'élevage moderne.

Il est à remarquer que le Maroc est cependant encore assez jaloux de ses chevaux pour en prohiber la sortie.

L'élevage des abeilles se pratique également dans le pays et fournit une cire fort appréciée. On sait que l'apiculture a réussi aussi en Algérie et en Tripolitaine. Enfin la pêche est la grande ressource des populations côtières : la Méditerranée fournit le thon et les sardines; elle pourrait donner aussi à ce pays ce qu'elle fournit à l'Algérie, les éponges et le corail.

Le sol si riche du Maroc paraît couvrir un sous-sol plus riche encore. On s'accorde généralement pour dire qu'à ce point de vue le Moghreb-al-Aksa est le plus favorisé de tous les pays barbaresques. Or, tandis qu'en Algérie l'initiative européenne s'est traduite par cinquante et une concessions minières, qui couvrent une superficie de 67.931 hectares, le sous-sol du Maroc est resté jusqu'à ce jour à peu près totalement inexploité (1). C'est toujours le gouvernement chérifien qui s'y oppose.

D'après les récits des voyageurs, l'Atlas recélerait d'incalculables richesses minérales. On y trouve en abondance du cuivre, de l'étain, du nickel, de l'antimoine, du plomb argentifère et même des quartz aurifères. Dans des échantillons pris aux environs de Taroudant, on a trouvé jusqu'à 66 % de cuivre pur. En 1877, le capitaine anglais Robertson se rendit dans le Grand Atlas, pour étudier les ressources minières du pays. Il

(1) Dubois et Kergomard, *Géographie économique.*

fut retenu prisonnier près de Maroc, et son interprète seul, M. Grant, déguisé en Arabe, put se rendre, au péril de sa vie, à la mine d'argent de Gondofi, exploitée par le cheik Hassin Amo, près des sources de l'oued Sous. Des juifs travaillaient à cette mine, et pendant les huit jours qu'il resta dans la maison du cheik M. Grant ne cessa d'entendre le bruit de leurs pioches. La légende veut que ce cheik soit immensément riche. Toujours est-il que de l'échantillon rapporté par M. Grant on a extrait soixante-dix francs d'argent. Le capitaine Robertson est mort trois jours après avoir quitté le Maroc. Les échantillons qu'il avait pu se procurer ont décelé la présence, dans les roches de l'Atlas, du nickel, du fer, du plomb, du cuivre, de l'antimoine, de l'étain et de l'argent (1).

Dans un rapport adressé à la Société géographique de Madrid, M. Gatell mentionne les faits suivants, qu'il a rapportés d'un voyage d'enquête dans le Sous :

« Ce qui abonde dans ce pays et pourrait faire la richesse des habitants, s'ils étaient plus industrieux et moins sauvages, ce sont les minéraux. Il y en a partout et de toutes les espèces ; on me faisait les offres les plus séduisantes si je connaissais l'art de la métallurgie, et on m'indiquait en même temps les lieux où se trouvaient les mines autrefois exploitées par les Roumis. Parmi celles-ci je puis citer les mines situées à Ulad-Ali, près de Taroudant, et à Ida-U, où il y a

(1) De Campou.

des gisements d'or ; celles de Memmi, exploitées autrefois par les Européens ; il y en a encore d'autres à Agadir ; à Azafran ; à quelque distance d'Ida-in-Menun, près de Sidi-Bumezquiola ; dans la Kabylie de Coma, au milieu des montagnes situées au sud-ouest d'Aguilon, du côté de Bou-Nahman, territoire des Aït-Bu-Amram ; dans les montagnes près de Sidi-Boubeker ; à Ida-Ali, dans les montagnes d'Aït-Serrar ; une mine de cuivre et une mine de plomb se trouvent dans les montagnes près de Talaheut ; finalement, on dit qu'il y a des mines abondantes à Smugguen, et surtout à Tazeroult. A mon retour, j'ai vu trois chameaux chargés de minerais d'or qui se rendaient de Tazeroult à Mogador ; le propriétaire me montra plusieurs échantillons d'or et d'argent, et me dit qu'il avait en vente à Mogador 100 quintaux de ce minerai. »

Le sel gemme se rencontre également au Maroc, et l'on connaît dans le pays de nombreuses sources d'eau minérale, dont les Arabes font d'ailleurs un fréquent usage.

Les montagnes du Riff contiennent des gisements importants, et de ce côté encore l'activité des chercheurs s'est exercée. Mais, comme toujours, le Sultan a refusé d'accorder des concessions aux Européens. Dans l'affaire de Chavagnac, un industriel français qui avait réussi à obtenir des terrains dans le Riff, il retira la concession et préféra payer au concessionnaire une indemnité partielle.

« Toutefois, disait en 1886 M. le baron Whetnall,

notre ministre résident à Tanger, cet état de choses ne peut durer indéfiniment, et il arrivera un jour où le gouvernement marocain ouvrira enfin les yeux et voudra profiter de ces sources abondantes de richesses. Il est possible même qu'à la suite de la conclusion des nouveaux traités de commerce, le Sultan se décide à permettre l'exploitation de quelques-unes de ces mines et à accorder des concessions à des ingénieurs européens. Dans ce cas, le Maroc entrerait dans une voie de prospérité étonnante. »

Ces prévisions ne se sont pas encore réalisées.

Aux perspectives d'avenir qu'ouvrent ses richesses agricoles et minières,il faut ajouter celles que le Maroc trouve dans sa situation au coin occidental extrême de l'Afrique. S'il est placé quelque peu en dehors de la route des navires qui se dirigent vers le Congo et le Cap ; si, d'autre part, ses ports, mal aménagés comme ils le sont encore, ne sont point très favorables aux escales, le mouvement de cabotage dans la Méditerranée et surtout dans l'Atlantique pourrait prendre des développements considérables. Le Maroc est aussi le débouché le plus direct offert aux produits des oasis, de Tombouctou et même de toute la Nigritie supérieure. Son *hinterland* est immense, inexploré encore, vierge de toute occupation européenne effective, et le trafic des caravanes qui franchissent en grand nombre les cols de l'Anti-Atlas ne suffira pas, de longtemps encore, à épuiser toutes les ressources qu'il recèle.

Doué d'un climat exceptionnel, ce pays d'Afrique se différencie complètement des régions malsaines du Sénégal et du golfe de Guinée. S'il tombait demain aux mains d'une nation européenne entreprenante et énergique, son développement économique, son organisation politique, l'établissement de routes, de ponts, de chemins de fer, que n'entraveraient ni le manque de ressources locales, ni l'absence de bras, ni les fièvres et les épidémies fatales aux pionniers, toute cette floraison d'une vitalité étouffée jusqu'à présent serait tellement subite que les colonies soudanaises en seraient instantanément dépassées, et que la balance commerciale de l'Afrique occidentale entière pencherait du côté de cette métropole nouvelle, de cette « fenêtre ouverte sur l'Europe », pour nous servir d'une expression historique. Sagement administré et pourvu d'un réseau de communications rapides et faciles, on a peine à s'imaginer ce que pourrait devenir ce pays de « tribus farouches et d'animaux sauvages », comme le caractérisait Drummond Hay. Contrée d'actif trafic et de production intensive, qui sait même si la douceur de son climat et la beauté de ses montagnes n'en feraient pas aussi pour les privilégiés une de ces patries d'élection où l'on aime à oublier une société banale, des mœurs trop connues et des paysages trop vus ?

CHAPITRE V

LES CONVOITISES EUROPÉENNES

Riche des promesses de sa nature physique et de son histoire passée, affaibli par une administration tyrannique et sans défense contre une intervention qui peut, sans invraisemblance ni mensonge, se colorer de prétextes humanitaires, on comprend l'ardeur des convoitises qui s'agitent depuis longtemps déjà autour de ce Chanaan africain.

Les causes qui militent en faveur d'une politique d'intervention ou d'annexion et qui justifient la part prise par une nation à une question de cette sorte peuvent se réduire à deux catégories : raisons stratégiques ou raisons commerciales.

Nous voudrions démontrer ici que c'est presqu'exclusivement la richesse du sol marocain, et non point sa valeur comme position stratégique qui a été et est encore le mobile dominant des ambitions européennes.

Le public se laisse aller assez facilement à accepter les vues généralement hasardées des politiciens concernant la valeur militaire de tel ou tel point du globe, qui est toujours ou le « pivot » d'une mobilisation éventuelle, ou le « point d'appui » d'une action armée, ou la « base d'opérations » contre quelque puissant voisin, ou la « clef » de telle partie du monde qui ne saurait être abordée que de ce côté. Ce sont autant de clichés qui reparaissent régulièrement sous la plume des journalistes, mais qu'on se préoccupe en général fort peu d'appuyer d'une démonstration circonstanciée.

La Méditerranée est surtout riche en points stratégiques de toute sorte, les uns plus infaillibles que les autres. Il y a Gibraltar, Ceuta, Toulon, La Spezia, Port-Mahon, Malte, Bizerte, la Sude, Chypre, Port-Saïd, etc., etc. Leurs possesseurs se persuadent volontiers que ces positions sont de nature à leur conférer une position dominante dans une lutte éventuelle pour la souveraineté des eaux méditerranéennes. Et, naturellement, le Maroc n'a pas échappé à cette classification stratégique. Pour les besoins d'une attitude plus active dans la « question marocaine », les publicistes de tous pays l'ont même considérablement surfait.

Or un travail de comparaison sévère, la supputation des conditions d'une guerre méditerranéenne, quelque hasardées que soient même toutes les hypothèses de ce genre, nous révèlent facilement que la valeur stratégique du Maroc et de ses ports est médiocre ou tout à fait nulle.

Pour l'Angleterre, d'abord. On admet généralement qu'elle a voulu s'assurer la route des Indes par une chaîne de possessions qui va de la rade de Spithead à Colombo en passant par Gibraltar, Malte, Chypre,

Port-Saïd, Suez, Perim, Aden, Zeila et Socotora. Des forteresses et des dépôts de charbon, espacés sur cette route, lui permettent d'offrir un asile à ses flottes ou de renouveler leur combustible, en même temps que d'« affamer », par défaut de charbon, celles de l'adversaire. Les récents événements d'Extrême-Orient ont démontré une fois de plus que les plus gros navires britanniques pouvaient entreprendre une pareille expédition sans grandes difficultés, tandis que les navires des autres nations — l'exemple de l'escadre du prince Henri est là — étaient absolument à la merci des dépôts de charbon anglais. A ce point de vue, il ne reste à l'Angleterre plus rien à souhaiter. Tanger, qu'on a si souvent donnée comme essentiellement utile à la stratégie maritime anglaise, ne serait qu'un chaînon surnuméraire. Quant à la fermeture de la Méditerranée, le canon de Tanger n'y suffirait pas plus que celui de Gibraltar ni celui de Ceuta. Le détroit a vingt kilomètres de large et, malgré les courants, une flotte de guerre moderne pourrait défiler en bravant les feux croisés de Tanger et de Gibraltar qui, à douze ou treize kilomètres de distance, en tenant compte de leur position diagonale, seraient absolument sans effet. Pour intercepter le passage, il faut une escadre de gardes-côtes et de torpilleurs, et à celle-là suffit l'abri des môles de Gibraltar, sans qu'il soit besoin d'en chercher un autre à Tanger. Les Anglais, d'ailleurs, ont déjà été en possession de cette ville : ils l'abandonnèrent en 1684 pour prendre Gibraltar vingt ans plus tard. C'est que le

Peñon offrait une position militaire bien plus forte, et s'il n'est point, comme la métropole marocaine, entouré d'une zone d'approvisionnement, c'est un inconvénient que compense le voisinage relatif de l'Angleterre et de Malte. Au surplus, si Gibraltar a coûté beaucoup d'argent au gouvernement anglais, l'aménagement de Tanger en coûterait peut-être davantage encore, car les Anglais eux-mêmes, en abandonnant la ville, en ont fait sauter les jetées pour combler le port.

Cet acte seul caractérise l'opinion de l'amirauté au sujet de Tanger. Elle n'y tient pas et n'éprouve nullement le besoin d'y dépenser des hommes et de l'argent ; mais elle ne pourrait admettre qu'une autre puissance s'emparât de la ville pour en faire la rivale de Gibraltar.

Au seul point de vue stratégique, l'Angleterre a donc tout à gagner au *statu quo* marocain, et rien à l'annexion. Nous disons : au seul point de vue stratégique.

Pour ce qui est de la route des Indes, qui double le cap de Bonne-Espérance et que l'Angleterre utiliserait également en cas de guerre, elle est suffisamment semée d'escales anglaises sans que le Royaume-Uni ait besoin d'en créer de nouvelles sur la côte atlantique du pays, à grands frais toujours, étant donnée la valeur relative des mouillages marocains.

La France, qui a les rades de sa frontière sud, celles d'Algérie et de Tunisie, avec les deux ports de guerre de Toulon et de Bizerte, n'a rien à faire à Tanger. Il lui suffit de pouvoir forcer le détroit en temps de guerre, en vue de quoi elle devra compter principalement sur la puissance de ses escadres et, surtout, sur la supériorité numérique de ses torpilleurs. L'Allemagne a un intérêt plus clair dans la possession de Tanger, car depuis qu'elle a localisé en Extrême-Orient une partie de ses ambitions coloniales, elle s'est obligée à chercher pour ses vaisseaux une route maritime praticable, c'est-à-dire suffisamment semée de dépôts de charbon. Mais, comme la France, elle sait qu'une main mise sur Tanger serait considérée en Angleterre comme une provocation emportant le *casus belli*, et qu'elle appellerait d'ailleurs encore d'autres protestations; aussi préfère-t-elle à cette politique de casse-cou une conquête commerciale qui lui réussit infiniment mieux.

Quant à l'Espagne, sa faiblesse militaire, la besogne de rénovation intérieure que les événements lui ont imposée, lui interdisent désormais un rôle auquel elle était autrefois la première à avoir droit. Ses possessions actuelles sur les côtes du Maroc, à commencer par Ceuta, n'ont point de valeur militaire sérieuse.

En définitive, ce sont précisément les rivalités des puissances qui empêchent le seul point stratégique du Maroc, Tanger, de jouer le rôle que semblait lui destiner sa position géographique. Et seules des raisons de développement économique, *de purs intérêts commerciaux* sont capables de rompre un *statu quo* qui, au point de vue militaire, convient à tous les gouvernements intéressés.

Il est donc logique que toutes les nations qui ont au Maroc des intérêts commerciaux, sans en excepter les nouvelles venues, aient voix au chapitre dont dépend la mise en œuvre directe de ce champ d'exploitation. Ce droit, les gouvernements intéressés le doivent revendiquer, non seulement par sauvegarde de leur dignité, mais avant tout et surtout pour le bien matériel des commerçants, des industriels et des travailleurs de toute catégorie qu'ils représentent. La conquête étrangère peut enlever à ceux-ci un débouché qu'ils ont péniblement ouvert aux produits de leur travail et sur lequel ils ont un droit aussi légitime que respectable.

Il nous reste à examiner à présent quels sont les pays dont la politique a le plus activement servi les intérêts commerciaux et à mettre ces intérêts en regard de leurs efforts, ce qui nous permettra de voir quels sont les gouvernements qui sont en avance sur les besoins économiques de leurs nationaux, et quels sont ceux qui sont en retard.

CHAPITRE VI

L'ESPAGNE ; SA POLITIQUE, SON COMMERCE

Si l'Espagne est une nation en décadence, il est certain que la décadence du Maroc a commencé beaucoup plus tôt que la sienne, et est aussi beaucoup plus profonde : la péninsule a toujours gardé sa supériorité sur le Moghreb depuis le jour où le dernier des rois maures repassa le détroit. Elle n'a donc jamais abdiqué cette ardeur de conquête, de revanche, qui poussait, il y a peu d'années encore, son armée sur le territoire marocain, à la rencontre des barbares riffains. Pour les Espagnols, il semble que ceci ait toujours été moins une question d'intérêt qu'une question d'entraînement.

Dès le xve siècle la conquête du Maroc fut entamée par les Portugais. Ils eurent des succès, essuyèrent des défaites, mais gardèrent quelques morceaux du territoire qui passèrent à l'Espagne quand ce pays annexa son voisin. Ceuta, ancienne colonie du Portugal ; Melilla, conquise en 1496 par le duc de Medina-Sidonia ; le Peñon de la Gomera, que Pedro Navarro prit en 1508, et quelques autres établissements constituèrent une manière de colonie qui servit avant tout à de perpétuelles et inutiles querelles avec les Sultans du Maroc. En 1681, Mouley-Ismaël reprit La Mamora ; en 1689, Larache ; et pendant vingt-six ans les Maures s'acharnèrent au siège de Ceuta, qui coûta des flots de sang aux deux partis... Philippe V, qui parvint à leur infliger une défaite décisive, voulait entreprendre contre eux une expédition ; mais les Anglais l'en empêchèrent, tandis qu'Ismaël se hâtait de se placer sous la protection de la déesse Discorde en concluant un traité de commerce avec l'Angleterre, la Hollande et la France à la fois. Ses successeurs continuèrent cette politique et aucun incident grave ne surgit plus jusqu'au jour où Abderrahman fit exécuter un agent consulaire espagnol, coupable d'avoir blessé un Marocain. L'Espagne réclama satisfaction et l'affaire se termina, grâce de nouveau aux efforts de l'Angleterre, par une simple extension du territoire de Ceuta. Mais les fréquentes attaques des indigènes, notamment des Riffains, contre ses presidios, amenèrent l'Espagne à réclamer, en 1857, de nouvelles extensions de territoire. Le gouvernement chérifien refusa ; deux ans plus tard, la guerre éclata. Elle fut dure pour les Espagnols, qui se virent arrêtés assez longtemps à Ceuta, où le choléra les décima. Finalement leur général, O'Donnell, s'ouvrit la route de Tetuan, prit la ville et se préparait à marcher sur Tanger quand la paix intervint, toujours sous la pression de l'Angleterre (1), dont la politique consistait à tenir constamment en échec l'influence des Espagnols et de leurs

(1) Voir Edmond Plauchut, *Les Anglais au Maroc*, " Revue des Deux-Mondes ", 15 juin 1893.

alliés apparents, les Français. L'Espagne dut se contenter de quelques rectifications de frontière autour de ses presidios, d'une indemnité de cent millions et de la restitution d'un petit port sur l'Atlantique qui lui appartenait autrefois, Santa Cruz de Mar Pequeña (1). Pour tant de sacrifices, c'était fort peu de chose. Les attaques des indigènes, les molestations, les pirateries et les insultes de toute espèce n'en continuèrent pas moins du côté des Marocains, et il fallut que l'Espagne se préoccupât d'évaluer constamment les réparations, le plus souvent platoniques, qui lui étaient dues pour ces méfaits. Les Riffains, dont — s'il faut en croire Reclus — une des distractions favorites consistait à prendre pour cibles les sentinelles de Melilla, attaquèrent cette place en 1894, lorsque les Espagnols, d'après le droit que leur conférait le traité de 1860, y entreprirent la construction d'un nouveau fortin. Le gouvernement de Madrid, cette fois encore, agit vigoureusement : il envoya à Melilla le maréchal Martinez Campos avec des forces imposantes. Mouley-Hassan protesta de sa bonne volonté, ce qui ne l'empêcha pas, la guerre finie, d'avoir à payer une indemnité de vingt millions, avec défense expresse de contracter, pour s'acquitter, un emprunt garanti par les douanes, ceci afin de déjouer les projets anglais (2).

(1) On n'a jamais pu retrouver l'emplacement exact de ce port. En désespoir de cause, et procédant par analogie, les Espagnols ont pris Ifni. Le Maroc a protesté. Les recherches continuent toujours.

(2) MARCEL PAISANT, *Le Maroc et les puissances européennes.* " Revue Encyclopédique ", 1894.

En définitive, la politique de l'Espagne, qui fut au Maroc plus violente qu'habile, lui a coûté beaucoup d'or et de sang sans lui assurer une influence en rapport avec l'étendue des sacrifices qu'elle a faits.

Elle possède actuellement sur la côte de la Méditerranée Ceuta, Melilla, le Peñon de Velez, Alhucemas et le groupe des Zaffarines, à l'embouchure de la Moulouya, qu'elle occupa en 1848 pour la seule raison que les Français voulaient s'y établir. Quelques-uns de ces postes servent de bagnes et ont été peuplés dans ces derniers temps d'insurgés cubains. Le poste des Zaffarines est dans un état voisin de l'abandon : ses murs sont en ruines et ses canons hors de service. L'archipel n'est d'ailleurs habité que par sa garnison qui ne s'élève pas à cent hommes, de sorte que pour la plupart des services on est obligé de faire marcher les ordonnances, les cuisiniers, le ban et l'arrière-ban des divers employés (1). Melilla, qui n'a qu'une centaine de maisons et quelques citernes sans eau, est, sous le rapport militaire, aussi délabrée que les Zaffarines. Alhucemas a quatre-vingts soldats, le Peñon de Velez cent (2). Quant à Ceuta, malgré l'apparence formidable de la citadelle du mont Acho, on s'est aperçu pendant la guerre hispano-américaine, au moment où on parlait de l'arrivée en Europe de l'amiral Watson, que cette forteresse ne résisterait pas au premier choc.

(1) *Correspondencia militar* de 1888, citée par De Ganniers.

(2) Arthur de Ganniers, *Le Maroc d'aujourd'hui, d'hier et de demain.*

Sur la côte atlantique l'Espagne possède encore une bande de terre sans grande importance actuelle, le Rio de Oro, qui lui a été cédée en 1804 ; et le port de Ifni.

Le gouvernement madrilène a-t-il été détourné de la question marocaine par la guerre avec les États-Unis ? Cela n'est pas certain, et peut-être sa politique n'en deviendra-t-elle que plus militante (1). On sait que

(1) Il y a une quinzaine d'années, la Société de Géographie, qui était le principal organe de la politique coloniale en Espagne, formula un " programme idéal „ de politique au Maroc, dont M. Torres Campos, membre de l'Institut de Droit international et professeur à l'Université de Grenade, nous a tracé le résumé suivant :

1o Défendre l'intégrité du territoire marocain et la souveraineté absolue de son gouvernement par tous les moyens diplomatiques et militaires dont l'Espagne dispose, considérant toute menace contre cet État comme une menace dirigée contre sa propre existence et contre l'inviolabilité de son propre territoire ;

2o Rendre plus étroites les relations, quelles qu'elles soient, entre la nation espagnole et le peuple marocain, en écartant les obstacles qui entravent ou retardent actuellement leur action, en établissant, même artificiellement, si besoin est, des courants économiques ainsi que des liens sociaux et intellectuels entre les deux côtés du détroit. — Cette impulsion devrait se continuer jusqu'à ce que la nation, aguerrie par l'exemple et l'habitude, puisse agir volontairement et spontanément, indépendamment de toute action officielle, par l'organe de ses industriels, de ses marins, de ses commerçants, de ses savants et de ses philanthropes, ce que, aujourd'hui déjà, elle considère comme absolument nécessaire et indispensable à son existence ;

3o Poursuivre énergiquement le développement social et économique du pays dont il s'agit, par tous les moyens légitimes qui, sans être contraires aux traités en vigueur ou à ceux qui pourront être conclus ultérieurement, font partie des fonctions tutélaires incombant à tout gouvernement.

Ce programme fut exposé aux Cortès par la Société espagnole

la protection du commerce national est le mot d'ordre que plusieurs chefs politiques des plus remuants ont inscrit sur leur bannière. Beaucoup de gens, en Espagne, s'obstinent actuellement à attendre de la colonisation du Maroc le relèvement du commerce de la péninsule, tandis que pour certains chefs militaires une guerre marocaine serait un dérivatif utile à des complications intérieures. Ce fut un peu le raisonnement de O'Donnell en 1859. Des publicistes ont présenté sous un jour assez vraisemblable cette hypothèse en apparence paradoxale (1).

Or, quelles sont l'importance, la nature et la valeur de ce commerce hispano-marocain qui devrait justifier la part si active prise par l'Espagne aux débats dont le Moghreb occidental est l'objet ?

Seules les importations que l'Espagne tire du Maroc méritent d'être mentionnées. Ce sont, approximativement rangés par ordre d'importance, du maïs, des bœufs, des pois chiches, des œufs, des peaux de chèvre, des dattes et de la volaille. Ces exportations marocaines s'élevaient, en 1894, à 968.325 fr. L'année suivante, par suite de l'augmentation de l'exportation du bétail, elles atteignaient 3.552.505 fr. ; en

des Africanistes et Partisans du système de colonisation, le 8 juin 1884. En théorie, il est assez platonique ; mais s'il était soumis à un essai, il se changerait en un programme d'annexion pure et simple, tellement les idées qui y sont exprimées sont contraires aux intentions et dispositions manifestes des Sultans de Fez.

(1) W. B. Harris, *The Marocco question and the War.* "National Review ", septembre 1898.

1886, 5.897.240 fr. ; en 1892, 6.843.110 fr. Les mauvaises récoltes, les mesures quarantenaires qui ont frappé le bétail, ont ensuite fait tomber ces chiffres de 5.053.075 en 1893 et de 5.508.860 en 1894, à 3.421.615 en 1895. En 1896, les exportations du Maroc en Espagne sont remontées à 5.011.200 fr., soit une augmentation de 1.589.685 fr. sur l'exercice précédent. Sans avoir donc reconquis leur position première, les envois du Maroc se maintiennent à une certaine hauteur, qui compte d'ailleurs pour fort peu dans l'ensemble des exportations de l'Empire — 22.166.655 fr. en 1896 — étant données la proximité de l'Espagne et la facilité des relations entre les côtes ibériques et marocaines. L'Angleterre tire du Maroc environ pour deux millions de produits de plus que l'Espagne.

La péninsule garde néanmoins le second rang parmi les clientes du Moghreb occidental. Elle n'a pas, à ce titre, à craindre une occupation étrangère de ce pays, car ses importations en seraient rapidement et considérablement augmentées.

Quant à ses exportations vers le Maroc, il leur reste vraiment si peu de vie que la perte ne serait pas grande si un tarif douanier étranger achevait de les étouffer. Cela n'a rien d'étonnant. Un pays neuf comme le Maroc se nourrit principalement de produits industriels, et l'industrie espagnole est dans le marasme, surtout depuis les événements de Cuba. Elle ne se soutient qu'à force de protection, et comment songerait-elle à conquérir les marchés voisins, quand elle sait que sans le tarif qui la favorise le marché espagnol lui-même lui échapperait et qu'elle périrait tout entière devant la concurrence étrangère. De 1892 à 1894, ces exportations vers le Maroc ont passé de 353.825 fr. à 595.475 fr. et 526.320 fr. ; puis elles sont retombées promptement à 464.790 fr. en 1895 et à 280.900 fr. en 1896 ; c'est-à-dire que l'Espagne envoie moins de marchandises au Maroc, qui se trouve à sa porte, que la Suède, située à l'autre bout de l'Europe et qui ne jouit que d'une réputation industrielle moyenne (1).

On se demande, dans ces conditions, ce que l'Espagne peut bien avoir à faire dans l'Empire des Chérifs. Sa faiblesse militaire lui interdit de s'abandonner à des projets stratégiques d'ailleurs impossibles, comme nous venons de le démontrer, dans l'état actuel des compétitions au Maroc ; sa faiblesse économique lui interdit de chercher autre chose que des développements et des réformes intérieurs. Sa politique active à Tanger est un luxe inutile, et d'ici à un demi-siècle au moins une intervention de sa part ne peut résulter que d'une agression violente, d'une inconséquence diplomatique ou d'un calcul du gouvernement madrilène pour opérer une diversion en cas de difficultés intérieures.

En d'autres mots, la question marocaine devrait ne plus exister pour l'Espagne, et ses droits « historiques » paraissent à peu près périmés.

Malgré cela, il n'est point de puissance intéressée

(1) Voir la note p. 147.

au Maroc qui se soit déshabituée de compter avec l'Espagne. Pendant de longues années, l'Angleterre a usé de toute sa diplomatie pour tenir en échec une influence que des causes internes devaient naturellement affaiblir. On a vu l'Allemagne rechercher l'appui de ce fantôme et la France est, aujourd'hui encore, persuadée que ses intérêts au Moghreb-al-Aksa sont intimement liés à ceux de l'Espagne, comme ils le furent en réalité pendant un bon demi-siècle. « La politique de l'Espagne au Moghreb, écrivait M. le capitaine Frisch en 1895, doit être vigilante ; sa diplomatie a pour devoir de veiller aux intrigues anglaises et de les déjouer, d'accord avec le gouvernement français. Les circonstances imposent cette action combinée. »

Depuis que ces lignes ont été tracées, des circonstances nouvelles ont révélé à l'Espagne que le nœud de ses intérêts n'était pas là, et qu'elle avait des devoirs plus utiles et plus urgents à remplir.

CHAPITRE VII

LA FRANCE; SA POLITIQUE, SON COMMERCE

Le premier contact des Français avec les Maures a eu lieu à Poitiers, et il faut se reporter à une distance assez grande de cette époque pour en retrouver un autre. Pendant longtemps, d'ailleurs, les relations entre les deux peuples furent du même ordre, c'est-à-dire nullement cordiales : les flottes barbaresques qui écumaient la Méditerranée rendaient avec usure aux chrétiens de France le mal qu'ils avaient causé naguère à l'Islam. Cependant les relations entre l'Occident et l'Islam s'adoucirent graduellement sous l'influence du commerce, et, en 1533 déjà, François Ier obtenait du roi de Fez quelques promesses en faveur des trafiquants français. Henri III envoya un consul à Fez et, lorsque les Maures eurent attaqué ses vaisseaux, il dépêcha à deux reprises une flotte française devant Salé (1). Louis XIV, qui songeait à tant de choses, rêva aussi la conquête commerciale du Moghreb, et il envoya Roland Fréjus, de Marseille, conclure un traité avec Mouley-Rachid. A cette époque déjà l'extrême richesse

(1) Marcel Paisant, *Le Maroc et les puissances européennes.*

du pays avait frappé les voyageurs chrétiens, et l'on peut retrouver dans les récits des ambassadeurs des projets d'annexion que ne désavouerait pas un diplomate de notre siècle. « Comme je vis, conte le bon capitaine Fréjus (1), que Cheq Amar commençait à marcher, je me mis à le suivre... Je lui dis que j'estois charmé de tout ce que je venois de voir, et que si tout le reste étoit approchant, je ne m'estonois pas si l'abondance des grains estoit si grande dans ce païs ; mais que j'estois surpris que les gens abandonnoient les plaines et alloient cultiver le haut des montagnes et collines... : à quoi il me répondit, que l'appréhension dans laquelle ils estoient des courses et invasions que les Espagnols leur faisoient tous les jours en estoit la cause... Je vous laisse à penser si ce discours me fut agréable et si je pris l'occasion au poil pour en profiter; car je fis connoistre à Cheq Amar que l'appréhension estoit fort juste et leur malheur inévitable, à moins que d'avoir une forteresse sur la grande isle d'Albouzeme... que si j'estois si heureux que le Roy son Maistre m'accordât les choses que je lui demanderois, je m'offrirois de la faire bastir moy-mesme, à mes propres frais et dépens, et qu'ainsi nous pourrions, par ce moyen, empescher l'insolence de leurs ennemis... »

(1) *Relation d'un voyage fait dans la Mauritanie, en Afrique*, par le sieur ROLAND FRÉJUS, de la ville de Marseille, par ordre de Sa Majesté, en l'année 1666, vers le Roy de Tafilete, Mulay Arxid, pour l'establissement du commerce dans toute l'étendue du Royaume de Fez ; et de toutes ses austres Conquestes. — A Paris, chez Gervais Clovzier, au Palais, sur le degrez en montant pour aller à la sainte Chappelle, à la seconde Boutique, à l'enseigne du Voyageur.

Inutile de dire que, depuis ce jour, l'amitié de la France pour le Maroc n'a cessé d'être marquée au coin du même désintéressement. Mouley-Ismaël, qui demanda, sans l'obtenir, la main de la princesse de Conti, fille naturelle de Louis XIV, ne put pas davantage s'assurer son appui dans la guerre qu'il soutenait contre les Espagnols : le Roi-Soleil refusait d'aller jusque là. Il en résulta que les projets de Roland Fréjus furent enterrés et que des relations plus cordiales avec le Maroc n'existèrent que sous le règne de Napoléon, le seul empereur d'Europe dont le Moghreb ait conservé la mémoire et à qui Mouley-Soliman dépêcha une ambassade.

La conquête de l'Algérie, qui fit de ce pays éloigné un voisin direct, fut mal accueillie par les musulmans du Maroc, qui faillirent deux fois intervenir en faveur de leurs coreligionnaires, et qui, à deux reprises, en furent détournés par les efforts de la diplomatie française. Une troisième fois, n'écoutant que les conseils d'Abd-el-Kader, l'empereur Abderrahman ne se laissa plus arrêter. Il déclara la guerre aux Français et se fit battre à l'Isly par le maréchal Bugeaud, tandis que Tanger et Mogador étaient bombardés. Le traité de 1844, qui mit fin à cette guerre, est la base des prétentions modernes de la France au Maroc. Tout d'abord, les Français sont persuadés qu'ils ont été trop généreux en se contentant d'une frontière conventionnelle et en ne poussant pas jusqu'à la Molouya les limites de l'Algérie. Ich et Figuig ont été laissés au Maroc. En revanche, il est vrai, les oasis du Touat sont restées en dehors de toute délimitation, de sorte que leur régime ne saurait plus être déterminé que par le droit du plus fort.

Non seulement tous les gouverneurs d'Algérie et tous les généraux qui se sont succédé au gouvernement de la province d'Oran se sont déclarés partisans de la rectification de la frontière algéro-marocaine, mais des publicistes étrangers ont appuyé les prétentions françaises, notamment l'explorateur Gerhard Rohlfs, qui écrivait, en 1864, que « la France a commis une faute impardonnable en laissant à son voisin de l'Ouest la vallée de la Molouya et, plus au midi, ces oasis qui sont des foyers de troubles et de complots toujours dénoncés et presque toujours impunis (1).. » Qu'elles soient des foyers de troubles, c'est possible (il y en aura toujours à proximité de la frontière, quelle qu'elle soit), mais il est certain que ces oasis, Figuig et le Touat surtout, peuvent plus vraisemblablement être convoitées pour leur richesse même, et en tant que colonies de rapport. Il est certain que si ces contrées pouvaient être englobées par les frontières douanières algériennes, ce ne serait pas sans profit pour les finances de la colonie. Le Maroc perçoit un droit de

(1) *Reise durch Marokko*, cité par le capitaine FRISCH. — Il est bon de faire ses réserves sur la valeur des vues politiques de l'éminent voyageur et explorateur qu'était Rohlfs. C'est lui qui prédit, peu de temps avant la bataille d'Adoua, que l'Abyssinie se dissoudrait sous le règne de Menelik, qui n'était ni un homme d'État, ni un homme de guerre.

10 % *ad valorem* sur toutes les marchandises à l'entrée, ce qui n'est pas exagéré. Les douanes algériennes ne sont pas aussi libérales, et ont nui considérablement au commerce qui se fait par terre entre les deux pays. « Les barbares, en fait d'institutions commerciales, écrivait déjà M. Jules Duval en 1859, ne sont pas les Marocains. Pendant que tous nos produits s'écoulent librement chez nos voisins, tous les leurs, après avoir été longtemps et absolument prohibés, passent sous les fourches caudines de nos douanes... Les formalités à remplir par des étrangers, ignorants de notre langue et de nos habitudes administratives, exigent des interprètes qui rançonnent ces malheureux à des taux criants... Une multitude de petites charges accessoires aggravent la taxe principale et irritent le maître de la caravane, qui promet bien de ne plus s'y laisser prendre... Au début, la puissance des habitudes procura d'assez belles perceptions, et l'on crut à un succès. D'année en année, les recettes baissèrent; aujourd'hui la douane ne fait plus ses frais, tant le commerce du Maroc fuit de jour en jour le pays inhospitalier. »

L'extension de la frontière algérienne, l'annexion de Figuig et la conquête du Touat auraient donc pour résultat, qu'on ne l'oublie pas, de soustraire des territoires riches et étendus, non pas seulement au commerce marocain, mais à celui de toutes les nations, et de les ajouter au patrimoine financier d'un pays qui, à force de protection et de prohibitions, est arrivé à s'assurer 70 à 75 % du commerce total de sa colonie, aux dépens naturellement du développement rationnel de cette colonie. Ce danger n'est pas si éloigné qu'on pourrait se le figurer. Les troupes algériennes, dans leurs *raids* au delà des frontières marocaines, qui sont autant d'excursions en dehors du droit international, ont déjà pénétré dans la banlieue de Figuig ; et le Touat, dont la presse française ne cesse de préconiser l'occupation effective, est le théâtre de fréquentes intrigues entre protégés français et sujets religieux du chérif de Fez. En 1889, malgré les protestations de Mouley-Hassan et ses revendications récentes, il fut même question d'envoyer dans ces oasis une expédition de 2.000 hommes et de 10.000 chameaux. En 1893, de nouveaux préparatifs furent faits : les événements de Madagascar firent ajourner l'expédition.

— Les représentants de la France à Tanger ont su lui assurer une place très honorable dans les conseils du Sultan ; mais s'ils maintiennent à une certaine hauteur les visées politiques de leur pays et savent se faire écouter par le gouvernement chérifien, ils sont loin d'avoir réussi à développer le commerce de la République avec le Maroc. Les changements fréquents du personnel de la légation et des consulats sont très défavorables au soutien de l'influence française. Rarement les ministres de France à Tanger font dans ce poste un séjour de plus de trois ans, et, en moins de dix ans, le total des fonctionnaires qui se sont succédé à la légation marocaine n'a pas été inférieur à quarante et un (1). On leur laisse évidemment trop peu de temps

(1) R. J. Frisch, *Le Maroc.*

pour acquérir une connaissance suffisante des us et coutumes du pays et pour ouvrir la route à l'influence économique de leur pays, qui est la meilleure base d'une politique active. Les Anglais procèdent tout autrement : leurs représentants conservent assez longtemps leur poste pour acquérir un ascendant basé sur leur mérite personnel plus encore que sur la puissance du pays qu'ils représentent.

Il est certain, cependant, que c'est la France qui est en meilleure posture pour commercer activement avec le Maroc. Elle n'est pas sujette aux crises qui annihilent l'influence économique extérieure de l'Espagne, et ses ports ne sont pas aussi éloignés de Tanger que ceux de l'Angleterre, de la Belgique et de l'Allemagne. Mais il semble que l'accès trop facile du marché algérien détourne l'attention de l'industrie française de ce débouché si favorable. De nombreuses lignes de navigation de Marseille convergent vers les ports de la colonie, Alger, Oran, Philippeville, etc., qui reçoivent annuellement pour trente-deux millions de tissus de coton, ce qui est presque quatre fois autant que l'ensemble de toutes les exportations françaises vers le Maroc. Encore les quelques ballots de cotonnade que ce pays reçoit de France sont-ils pour la plupart de fabrication suisse.

Les occasions de Marseille pour Tanger sont assez irrégulières. C'est la voie qu'empruntent cependant toutes les marchandises françaises qui vont à Tanger, car les navires de Dunkerque, du Havre et de Bordeaux qui se rendent dans la Méditerranée passent devant ce port sans s'y arrêter. Or, en arrivant à Marseille ces marchandises, qui viennent en grande partie du Nord, sont déjà grevées de frais de transport considérables, ce qui ne leur permet pas de soutenir facilement la concurrence des articles étrangers, arrivés directement par bateaux de leur pays d'origine.

La France envoie surtout au Maroc du sucre, de la soie grège et ouvrée, des allumettes, des cotonnades, des draps, des drogueries, des denrées coloniales, des farines et semoules, des papiers, de la quincaillerie, etc.

En 1892, le Maroc importait de France pour 12.877.465 fr. de marchandises et en, 1893, pour 13.043.540 fr. Depuis cette époque ces importations sont en décroissance constante. En 1894, 12.685.550 fr. ; en 1895, 11.713.280 fr. ; en 1896, 9.050.750 fr., soit en trois ans une diminution d'environ 25 p. c. Ce sont surtout les envois de sucre, qui entrent pour plus de la moitié dans son chiffre d'affaires, qui sont en diminution. Il faut l'attribuer à la concurrence germano-belge. M. Frisch cite l'exemple d'un vapeur de Hambourg, débarquant en novembre 1894, à Larache 500 sacs de sucre portant en légende : « provenance et fabrication de Marseille », alors qu'en réalité ils provenaient d'Anvers. Ces procédés n'ont cependant pas besoin d'être généralisés pour que les sucres concurrents s'imposent au consommateur marocain. M. Severac, agent consulaire belge à Rabat, signale dans ses rapports (1) l'arrivée constante de sucres allemands et anglais, qui sont en réalité des sucres belges; seulement, comme ils sont chargés à Anvers sur des bateaux britanniques ou allemands, on les attribue au pavillon sous lequel ils arrivent. Cela est presqu'aussi fâcheux pour nous que pour les Français. En 1897, Rabat a reçu ainsi pour 110.000 fr. de sucre anversois, que les statistiques ne portent naturellement pas à notre actif.

Quant aux exportations du Maroc en France, ce sont des laines en suint, que les fabricants de Tourcoing et de Roubaix font acheter par des agents dans les ports de l'Atlantique ; de la laine lavée, de l'huile d'olives, des amandes, des pois chiches, et surtout des peaux de chèvre. Ces exportations vers la France sont également en pleine décadence. En 1892, elles étaient de 6.954.250 fr., en 1893, de 7.214.560 fr. ; puis elles sont retombées, en 1894, à 5.562.530 fr., en 1895, à 5.185.995 fr., en 1896, à 4.655.405 fr.

Le commerce total qui se fait encore à la frontière algéro-marocaine est estimé à huit ou neuf millions de francs, importations et exportations additionnées (2). Nous avons exposé plus haut les raisons du déclin de ce commerce.

Pour ne tenir compte que du commerce direct entre la France et le Maroc, il nous faut donc constater

(1) Rapports du 1er avril 1895, du 28 février 1896, du 31 mars 1897.

(2) YVES GUYOT et RAFFALOVICH, *Dictionnaire du Commerce, de l'Industrie et de la Banque*; article *Algérie*.

qu'il est encore, en comptant ensemble les exportations et les importations, de 13.706.155 fr. sur les 57.251.050 fr. qui représentent le mouvement total du commerce maritime marocain. En 1893, il était de 20.258.100 fr., ce qui représente pour cette période de quatre années une perte de 6.551.945 fr., c'est-à-dire de plus d'un tiers (1).

La décadence commerciale de la France au Maroc est donc aussi manifeste, si pas aussi profonde, que celle de l'Espagne.

(1) Voir la note p. 147.

CHAPITRE VIII

L'ALLEMAGNE; SA POLITIQUE, SON COMMERCE

L'Allemagne est la dernière venue dans le champ clos de la politique marocaine, mais ce n'est ni la plus faible, ni la moins entreprenante. En peu d'années elle a su se faire au Moghreb une position assez solide pour obliger les puissances intéressées à traiter avec elle, sur un pied d'égalité, de l'avenir du pays. Le secret de cette puissance politique gît tout entier dans ses efforts préliminaires pour créer au Maroc un réseau solide d'intérêts commerciaux allemands, qui peu à peu a enveloppé dans ses mailles le gouvernement chérifien.

En 1856, la Prusse avait eu un bref conflit avec le Maroc : la corvette *Dantzig*, commandée par le prince Adalbert de Prusse, avait été attaquée par les Riffains, qui tuèrent un certain nombre d'hommes de l'équipage. Les marins prirent leur revanche sur place ; quant à leur gouvernement, il n'obtint jamais une satisfaction suffisante pour ce grave outrage. Mais ce ne fut qu'après l'unification de l'Allemagne, et surtout après l'organisation du commerce extérieur de l'Empire, que l'attention des diplomates et des commerçants fut sérieusement appelée sur l'Empire des Chérifs. L'initiative privée fit les premiers pas. En 1886, une expédition commerciale fut envoyée au Maroc sous les auspices du *Centralverein für Handelsgeographie*. Des relations se nouèrent entre les deux pays, mais les marchandises allemandes étaient obligées de voyager sous pavillon étranger. Il fallait, avant tout, une ligne de navigation régulière. C'est ce que comprit le Dr Jannasch, président du *Centralverein für Handelsgeographie* et directeur de la *Deutsche Exportbank*. Grâce à lui fut fondée, en 1890, la ligne de navigation Atlas, qui organisa toutes les trois semaines un départ de Hambourg vers Tanger et les ports marocains de l'Atlantique. Le succès de cette ligne dépassa les espérances de ses fondateurs : l'exportation totale par le port de Hambourg était, en 1888, de 460.500 kilogrammes ; en 1889, de 730.600 kil. ; en 1890, elle atteignit 1.531.000 kil. dont 648.210 kil. pour l'*Atlas-linie* (1).

Ainsi appuyée par les efforts du commerce, la diplomatie allemande prit une position active. Au début, il semble que sa politique se soit concentrée tout entière à la cour de Madrid : l'Allemagne aurait, à défaut du *statu quo*, qui lui convenait momentanément le mieux, voulu mettre l'Espagne en possession du Maroc, à condition que le commerce y jouirait d'une entière liberté. C'était une façon héroïque de déjouer les ambitions de

(1) Dr DIERCKX, *Marokko und die Deutschen Interessen.*

l'Angleterre et de la France. Mais sous l'influence du développement rapide de ses relations avec le Moghreb-al-Aksa, le ministère des Affaires étrangères allemand arriva à cultiver l'idée d'un Maroc indépendant, mais gouverné par des Européens et placé sous un régime d'égalité commerciale pour toutes les nations, quelque chose comme une réédition de l'État Indépendant du Congo. C'est dans la pensée de favoriser le commerce de l'Europe que l'Allemagne signa, en 1880, avec la plupart des puissances européennes, la convention de Madrid ; et c'est dans le but d'avantager plus spécialement le sien qu'elle conclut avec le Maroc le traité commercial de mars 1891.

L'Allemagne a-t-elle abandonné sa politique de neutralisation pour celle des zones d'influence ? Il serait malaisé de le dire. Toujours est-il qu'en 1889, après l'envoi d'une ambassade marocaine à Berlin, on parla d'une concession accordée aux Allemands dans la baie d'Adjeroud. Après s'être agité fort autour de l'affaire, on sut finalement qu'il n'en était rien. Sans doute effrayé par les demandes des autres puissances, qui durent suivre de près celle de l'Allemagne, Mouley-Hassan retira sa promesse.

Pour donner une idée de la façon dont les exportateurs allemands ont forcé leur gouvernement à prendre position dans la question marocaine, il suffit de rappeler les efforts du Dr Jannasch, en 1886, pour établir des relations directes avec les districts du Noun et du Sous, qui sont à peu près indépendants de l'autorité du Sultan, et pour intercepter les caravanes du Soudan se rendant vers les ports marocains afin d'éviter les douanes chérifiennes. Le Dr Jannasch, qui explorait la côte dans un canot du *Gatsorp*, fit naufrage près du cap Noun et dut abandonner son aventureux projet par suite de la présence de l'armée du Sultan dans la région.

Des tentatives du même genre ont été faites, sans succès d'ailleurs, par des Espagnols et des Anglais.

Le commerce de l'Allemagne au Maroc est donc d'implantation récente. Ses envois consistent surtout en alcool, tissus de coton, draps, tissus de laine, papiers, articles de quincaillerie, sucre, verreries et une petite quantité de thé importée directement de Chine. Les efforts que font les commerçants allemands pour augmenter leurs relations avec le Maroc sont considérables. Ils sont les premiers à comprendre l'immense avantage que donne sur des concurrents l'envoi au pays même d'agents intelligents et actifs, qui se mettent au courant des usages, nouent des rapports soit avec des commerçants, soit directement avec les producteurs et les consommateurs indigènes, qui apprennent à connaître les goûts des acheteurs, qui savent quelles sont les facilités de paiement qu'il leur faut accorder et les garanties exactes de solvabilité qu'ils présentent. Sous ce rapport, l'activité des Allemands n'a d'égale que leur ingéniosité, et un exemple dont nos nationaux feraient bien de tirer profit est celui d'une sorte de navire-exposition qui visita successivement tous les ports du Maroc, et séjourna à Tanger assez longtemps pour faire connaître aux Marocains les fécondes ressources de l'industrie allemande. Les fabricats à bon marché, de qualité plutôt inférieure, mais agréables à l'œil, ce que nous appelons un peu dédaigneusement la *camelote,* ont fondé au Moghreb la réputation commerciale de nos voisins. L'Arabe est incapable de comprendre qu'en payant un article un peu plus cher il le conservera plus longtemps en bon état et réalisera ainsi une économie. Comme tous les peuples primitifs, l'apparence surtout le charme et il lui sacrifie tout. Quand la sagesse lui sera venue et que ses goûts se modifieront, on peut être certain que les fabricats allemands suivront une évolution correspondante : c'est de cette façon que l'Allemagne a pris pied sur un grand nombre de marchés hors chrétienté, et qu'elle est parvenue à évincer l'Angleterre de quelques-unes de ses meilleures forteresses commerciales.

L'Allemagne est une bonne cliente du Maroc. En 1892, elle lui achetait pour 1.068.225 fr. de marchandises ; en 1893, pour 1.718.725 fr. ; en 1894, pour 2.241.720 fr. ; en 1895, un léger recul réduisait ses achats à 2.086.235 fr., qui remontaient en 1896 à 3.076.440 fr. Ce sont surtout de la cire, de la laine, des œufs, des peaux de chèvre et de mouton.

Quant à ses exportations, on ne peut nier qu'en regard des envois des autres pays elles ne se maintiennent très favorablement. En 1892, elles étaient de

2.845.400 fr. ; en 1893, de 3.904.480 fr. ; en 1894 et en 1895, diminution par suite des troubles qui suivirent la mort de Mouley-Hassan, 3.649.070 fr. et 2.682.375 fr. ; reprise en 1896, 3.117.705 fr.

La différence que l'on remarque entre les envois de 1894 et ceux de 1895 est plus apparente que réelle; car, en 1894, la maison Krupp a fourni au gouvernement chérifien des canons et des munitions pour une valeur d'un million, qui a été comprise dans le chiffre des importations marocaines.

De 1895 à 1896, l'exportation allemande a donc réalisé un progrès de 435.330 fr. ; mais elle est encore en retard de 786.775 fr. sur sa situation de 1893.

Ce serait une erreur, d'autre part, de se figurer que les exportations de l'Allemagne vers le Maroc profitent entièrement à l'industrie germanique. Rien de plus trompeur, sous ce rapport, que les statistiques. Il y a d'abord le sucre fabriqué par des Belges et même envoyé par eux qui, arrivant sous pavillon allemand, est souvent attribué à l'Allemagne. Il y a les cotonnades fabriquées en Suisse qu'on embarque à Hambourg. Les Autrichiens surtout ont une part considérable dans ces exportations. Au lieu d'être embarqués à Trieste ou à Fiume, les sucres, les étoffes, le papier, la bière, les verreries d'Autriche passent par Hambourg et s'en vont gonfler la statistique des envois allemands. Au bout d'un certain temps, il est vrai, les commerçants de Hambourg exportent de la véritable bière et du véritable verre d'Allemagne, mais ils les font passer avec des étiquettes autrichiennes, « bière de Pilsen » ou « cristal de Bohême » : le consommateur marocain n'y regarde pas de si près. La part des Autrichiens diminue ainsi dans une certaine proportion, mais ils ne s'en montrent pas satisfaits ; au contraire. Le commerce de l'Austro-Hongrie avec le Marcc est à peu près nul ; pendant toute l'année 1897 son pavillon ne s'est pas montré une fois à Tanger, et le consul de Sa Majesté Impériale et Royale dans cette ville se demande, dans son dernier rapport (1), si l'existence même du consulat est bien justifiée, l'envoi d'informations qui ne sont généralement pas suivies et l'expédition de timbres-poste et de cartes postales illustrées avec vues de Tanger n'étant pas, à son avis, une occupation assez absorbante.

Il se trouve donc que l'Allemagne centralise à son profit une partie des expéditions belges et suisses et la presque totalité des exportations autrichiennes. Sa position au Maroc est, par conséquent, moindre que ce qu'elle paraît. Et malgré tout son génie, toute son habileté, le développement de ses exportations subit encore un arrêt (2).

Cet exemple est intéressant, en ce qu'il montre que même la propagande la plus rationnellement et la plus activement conduite au profit des marchandises d'un

(1) Reproduit par *L'Export, organ des Centralvereins für Handelsgeographie und Förderung deutscher Interessen im Auslande*, 17 novembre 1898.

(2) Voir la note p. 147.

pays ne suffit pas toujours pour triompher d'une crise qui résulte de la situation économique intérieure du marché, pendant une période d'insécurité ou de guerre. Une nation moins prévoyante, *mais dont la production générale s'adapte mieux aux exigences ordinaires du marché,* est placée dans de meilleures conditions pour y résister. Tel a été, comme nous le montrerons, le cas pour la Belgique.

CHAPITRE VIII

L'ANGLETERRE ; SA POLITIQUE, SON COMMERCE

C'est la politique anglaise qui, depuis le commencement de ce siècle, s'est montrée la plus active dans la Barbarie occidentale. Les Anglais ne sont pas, comme les Français, sans avoir quelques « droits historiques » sur le pays. En 1662, à l'occasion de son mariage avec l'infante Catherine, le roi Charles II reçut en dot des Portugais la ville de Tanger, qui fut occupée par le gouverneur Bellasiz et fortifiée par l'ingénieur Cholmeley. Malheureusement, si la maison était belle, les voisins étaient remuants. Forcé de faire la guerre aux Marocains, le gouverneur réclama crédits sur crédits, et finalement, en 1683, le Parlement déclara que cette possession revenait trop cher à l'Angleterre et refusa de nouveaux subsides. Tanger fut évacuée l'année suivante, et la garnison, en se retirant, en fit sauter les jetées. Il ne manqua pas, à cette époque, de publicistes pour attirer l'attention de leurs compatriotes sur la valeur des possessions auxquelles on renonçait ainsi, mais le gouvernement persista dans sa résolution.

L'Angleterre, revenue au XIXe siècle sur le terrain

de ses ambitions passées, se refit à la cour chérifienne une solide influence en jouant le rôle d' « honnête courtier », d'abord en 1844, entre la France et le Maroc ; puis, en 1859, entre le Maroc et l'Espagne.

A Fez, sir John Drummond-Hay, un des plus habiles diplomates que l'Angleterre ait jamais envoyés dans les pays musulmans, consolidait son influence en aidant, l'un après l'autre, trois Sultans à résister aux envahissements européens, tandis qu'il cherchait lui-même à acquérir sur les côtes marocaines un établissement qui pût servir de point d'appui à la pénétration britannique. Plusieurs tentatives, plus ou moins importantes, eurent lieu. En 1880, les Anglais s'étaient fixés au cap Juby, affectant de ne pas y reconnaître la souveraineté du Chérif, et essayant de détourner vers ce nouveau port les caravanes soudanaises qui prenaient le chemin de Mogador. La tentative n'a pas réussi ; mais les Anglais n'ont pas pour cela abandonné leur établissement, et ont insisté à différentes reprises, auprès du Sultan, pour obtenir la reconnaissance officielle de leurs droits. Le Sultan a toujours refusé. Pour prévenir l'invasion du Sous par les compagnies étrangères, il allait, disait-on, en 1897, à Mogador, fonder un port marocain au cap Juby, et y établir des douanes (1).

Malgré la résistance du gouvernement de Fez, les Anglais ont immergé un câble entre leur possession de Gibraltar et Tanger. Ils ont demandé aussi, mais sans

(1) *Times*. Weekly edition ; 17 décembre 1897.

pouvoir l'obtenir, de pouvoir construire sur le sol marocain un hôpital pour leurs soldats malades. Jalousement surveillés par les autres nations, qui se sont employées à leur tour à faire échouer leurs demandes, ils n'ont donc point fait de sensibles progrès. Dans la question du sémaphore qu'ils voulaient faire construire au cap Spartel, à côté du phare qu'y entretiennent, à frais communs, les puissances, l'Angleterre a été mise en échec par la France, qui obtint que le sémaphore ne fonctionnerait pas en temps de guerre.

L'initiative britannique a subi des défaites plus humiliantes.

Une des tentatives qui ont fait le plus de bruit est celle du yacht *Tourmaline*, appartenant au *Globe Venture Syndicate*, société qui comptait parmi ses administrateurs un ancien ambassadeur d'Angleterre en Russie. Le *Tourmaline* vint mystérieusement s'approvisionner d'armes à Anvers, puis se rendit sur les côtes du Sous où il essaya de nouer des intelligences avec les chefs des tribus, toujours dans le but de soustraire aux douanes du Sultan l'important trafic de cette région. Le zèle ambitieux d'un fonctionnaire maure fit échouer l'entreprise : le *Tourmaline* fut repoussé à coups de canon par l'unique (1) bateau de guerre du Chérif, le *Hassani*, et quelques Anglais, qui avaient débarqué, furent capturés avec leurs auxiliaires indigènes. Il

(1) Unique à cette époque. Depuis, le Chérif a acquis une canonnière de 1200 tonnes, le *Beschir-es-Salameh*, et une autre canonnière plus petite. Une troisième est sur chantier en Italie.

paraît que le commandant de l'expédition, le major Spilsbury, avait été jeté dans cette aventure par un douteux personnage, qui exerçait à Mogador les décoratives fonctions de consul de Patagonie, et qui disparut sans laisser de traces (1). Ce major fut jugé et condamné à Gibraltar ; ses compagnons capturés subirent également dans les geôles marocaines une courte détention. Il ressort très évidemment des détails de cette histoire que le gouvernement britannique n'y fut mêlé en aucune façon. Les Anglais prisonniers ayant été maltraités par un caïd, lord Salisbury refusa de demander pour eux aucune autre satisfaction qu'un simple blâme à l'adresse de ce fonctionnaire.

Dans ces derniers temps, la Grande-Bretagne, énervée par les insuccès successifs de sa diplomatie, s'était fort écartée de la sage ligne de conduite tracée par sir John Drummond-Hay. Elle avait envoyé à Fez, en 1892, sir Charles Euan Smith, qui, malgré les résistances de la cour, se refusait à traiter avec le ministre des Affaires étrangères à Tanger et demandait à s'entendre directement avec Mouley-Hassan. Il apportait un très important projet de traité dont le texte avait, paraît-il, réuni l'adhésion de toutes les puissances intéressées, sauf la France, et qui était destiné, dans l'esprit du gouvernement anglais, à remplacer la convention de Madrid de 1880, laquelle

(1) On trouvera des détails nouveaux sur cette aventure dans un récent et très pittoresque ouvrage de M. CUNNINGHAME GRAHAM, *Moghreb-al-Aksa*.

règle encore aujourd'hui le statut des Européens au Maroc. Il y eut une sorte d'émeute à Fez : la foule menaça l'habitation de sir Charles, qui se contenta de déclarer au Sultan que si on l'assassinait il y aurait toujours un autre ministre anglais à Fez, mais qu'il n'y aurait plus de Sultan. On ajoute que Mouley-Hassan offrit au ministre britannique un pot-de-vin de £ 30.000, s'il voulait se contenter d'un traité inoffensif : sir Charles Euan Smith déchira dédaigneusement le projet qu'on lui apportait, et parla plus haut que jamais de la vengeance de l'Angleterre. En fin de compte, ce petit essai de terrorisme échoua complètement et sir Charles dut quitter Fez sans avoir rien obtenu.

Voici quels étaient les points principaux de ce traité :

1° Abaissement des droits d'exportation sur le blé et l'orge.

2° Exportation libre des chameaux, mulets, ânes, chevaux, etc.

3° Liberté du commerce de cabotage entre tous les ports du Maroc pour tous les produits marocains.

4° Établissement de tribunaux mixtes.

5° Abolition de l'esclavage.

6° Liberté pour les étrangers d'acheter et de posséder des terres.

7° Établissement d'un vice-consulat à Fez, ayant le droit de hisser le pavillon anglais.

8° Concession d'une ligne télégraphique de Tanger à Mogador, par les villes de la côte.

9° Adoption d'un projet de banque d'État marocaine à créer avec des capitaux anglais.

10° Création d'un corps de police à Tanger et dans les villes de la côte, sous le contrôle du Sultan et des puissances.

11° Concession de la distribution d'eau à Tanger.

12° Édification d'un marché et d'abattoirs publics à Tanger.

Quelques clauses supplémentaires se rapportaient plus directement à l'Angleterre, dont la plus importante était la reconnaissance de la souveraineté britannique sur le cap Juby.

A l'importance de la révolution qui aurait été causée au Maroc par ce traité, on peut mesurer la vigueur de la résistance qu'il rencontra. La politique du Makhzen s'est toujours réduite à opposer des fins de non-recevoir à tous les projets de réforme, surtout à ceux qui viennent de l'Europe, et il s'y cramponne encore avec une remarquable énergie. C'est pourquoi les ouvertures trop hardies de l'Angleterre subirent un échec complet.

Il y a quelques années, le commerce de l'Angleterre avec le Maroc dépassait encore celui des autres nations d'une hauteur telle que le monopole, pratiquement, lui en appartenait. Cette situation s'est profondément modifiée depuis, par suite de la concurrence acharnée que lui ont faite surtout l'Allemagne et la Belgique. Néanmoins, la Grande-Bretagne figure encore en tête des statistiques d'importation et d'exportation, mais sa prépondérance est sérieusement menacée. On ne peut cependant reprocher à ses négociants de négliger les usages et les exigences du marché. Pendant longtemps les sucres belges n'ont été écoulés au Maroc que grâce à l'intermédiaire des maisons de Manchester, qui, à l'opposé de nos producteurs, savaient facturer convenablement leur marchandise et accorder aux clients des facilités de paiement en rapport avec les usages du pays. Pendant longtemps aussi, au début de nos relations avec le Maroc, nos marchandises allaient, pour la même raison, s'entasser dans les entrepôts de Gibraltar, d'où elles repartaient pour Tanger et les autres ports marocains sous l'étiquette anglaise (1). A mesure que les lignes régulières vers le Maroc se sont multipliées, bon nombre de négociants belges et étrangers, qui empruntaient l'intermédiaire anglais, ont cependant appris à renoncer à leurs anciens errements ; mais, comme nous venons de le dire, ils existent encore aujourd'hui pour une catégorie spéciale de marchandises.

D'après les statistiques consulaires anglaises, les exportations du Maroc en Angleterre ont suivi une progression décroissante, dont voici les termes :

1892	£ 755.404	1895	£ 404.400
1893	» 549.687	1896	» 218.309
1894	» 360.926		

Ce qui revient à dire qu'elles ont subi en cinq ans

(1) Rapport de M. DALUIN, ministre de Belgique à Tanger, 1856.

une perte de £ 537.095, soit environ 13 1/2 millions de francs, soit encore environ 70 p. c. du total.

Il convient de comparer ces chiffres à ceux des statistiques consulaires belges qui donnent :

1892	fr.	19.246.720	1895	fr.	10.591.895
1893	»	17.205.815	1896	»	7.475.605
1894	»	11.977.205			

Soit ici, pour le même laps de temps, une perte d'environ 12 millions. Si les chiffres ne concordent pas exactement, du moins s'accordent-ils pour accuser une prodigieuse décadence. Elle porte sur les principaux articles envoyés du Maroc en Angleterre, parmi lesquels nous citerons les graines d'alpiste, les amandes, la cire, les dattes, le fenugrec, le bétail, les laines, l'huile d'olives, les fèves, les oranges, le maïs, les œufs, la viande et la volaille, les gommes et les peaux de chèvre.

Mais les exportations du Maroc sont faites pour nous intéresser beaucoup moins que les importations qu'il tire d'Europe, et qui montrent à quel point la conquête du marché de consommation est avancée.

Sous ce rapport encore l'Angleterre est en mauvaise posture. Autrefois elle avait au Maroc le monopole à peu près exclusif des sucres roux (cassonades), des toiles de chanvre, tissus de coton, cuivres en feuilles, épices, indigo, literies, quincailleries, riz, thé, etc. A présent, pour plusieurs de ces articles, elle est en butte à la concurrence étrangère. D'année en année ses exportations de drap, notamment, diminuent par suite de la concurrence des produits allemands. En 1896, ses envois de cotonnades de Manchester s'élevaient encore à £ 407.075 et ses expéditions de bougies de paraffine à £ 30.601. Pour le reste, elle envoie du thé de Londres, du café et du riz, des denrées coloniales, etc.

Le tableau de ses exportations vers le Maroc, d'après les statistiques britanniques, se présente comme suit :

1892	£ 583.386	1895	£ 629.783
1893	» 494.908	1896	» 489.864
1894	» 538.985		

Et d'après nos renseignements consulaires :

1892	fr.	23.529.000	1895	£	23.358.552
1893	»	23.400.475	1896	»	19.638.765
1894	»	22.275.315			

D'après les rapports consulaires belges, le recul, pendant ces cinq ans, serait donc de quatre millions ; et de deux millions et demi seulement d'après les rapports consulaires anglais. Il y a des années, 1895 par exemple, pendant lesquelles les chiffres remontent soudain, par suite d'un approvisionnement général sans doute, pour retomber ensuite à quatre millions plus bas. De toutes façons, si ce recul ne prouve pas la décadence absolue des exportations anglaises au Maroc, on peut y voir néanmoins la preuve que les commerçants de la Cité et les industriels de Manchester maintiennent très difficilement leurs positions, et les efforts redoublés de l'Allemagne ne contribueront certainement pas à les y consolider. Dans un pareil moment, s'arrêter, c'est tomber. Il convient, d'ailleurs, de remarquer que la statistique attribue erronément à l'Angleterre des articles étrangers parce qu'ils arrivent au Maroc sous pavillon anglais. Or, ceci est important si l'on considère la part qui revient à ce pavillon dans le mouvement des échanges avec l'Afrique du nord-ouest. Ainsi des farines, du pétrole et des tabacs viennent des États-Unis, mais en passant par Gibraltar, où ces marchandises sont dénationalisées. Les bois et les fers anglais sont suédois en réalité ; et le sucre pilé de la Grande-Bretagne vient d'Autriche (1).

Un coup d'œil sur le tableau du mouvement maritime marocain suffit, d'ailleurs, pour se convaincre de la quantité considérable de marchandises qui emprunte le pavillon britannique et qui peut, par conséquent, figurer sous l'étiquette anglaise :

Mouvement de 1896 (2) :

	Tonnage total	Tonnage anglais	Nombre de navires	Navires anglais
Tanger	324.183	96.105	1210	283
Tetuan	8.643	6.759	136	95
Larache	63.645	18.679	152	32
Rabat	59.842	19.539	110	26
Mogador	113.488	21.419	149	23
Dar-al-Baïda	145.439	23.169	233	32
Mazagan	130.883	24.349	212	38
Saffi	68.286	23.625	114	38
	914.409	233.644	2316	567

(1) Rapport de M. Anspach, ministre de Belgique à Tanger, 21 décembre 1896.

(2) Scott Keltie, *Statesman's Year Book*, 1898.

Le quart du mouvement maritime (1) est donc aux mains de l'Angleterre et, dans les trois quarts restants, le petit cabotage espagnol, portugais et marocain figure pour une grosse part.

(1) Voici, d'après le rapport pour 1896 de M. HERBERT E. WHITE, consul de Sa Majesté Britannique à Tanger (*Foreign Office ;* annual series, nº 1995), un aperçu des services réguliers qui existent entre l'Europe et le Maroc :

Royaume-Uni : Papayanni Line, de Liverpool en Égypte, escale à Tanger; service bi-mensuel ; Mersey Steamship Company, entre l'Angleterre et Malte en hiver, les Canaries en été avec escale dans tous les ports marocains (25 escales à Tanger en 1896) ; quatre steamers transportant les musulmans du Maroc à Djeddah pour le pèlerinage ; trois steamers de plaisance, etc.

Gibraltar : Ligne de MM. Bland and Cº, entre Gibraltar et Tanger, quatre ou cinq fois par semaine, pour marchandises, bétail et passagers.

Espagne : Compañia Transatlantica, de Gibraltar à Cadix, six escales par semaine à Tanger ; vapeurs de la firme Sons of Thos. Haynes (anglais battant pavillon espagnol), entrés à Tanger dix-sept fois en 1896.

France : Transport Maritime Algérien, d'Oran à Tanger avec escales, trente et une entrées ; Compagnie de Navigation Mixte, de Marseille à Tanger par Oran, Nemours, Melilla et Gibraltar, une fois par semaine ; Compagnie Paquet, de Marseille aux Canaries par les ports marocains, 45 entrées en 1896 à Tanger.

Allemagne : Oldenburg Portugiesische Linie de Hambourg aux ports marocains, avec escale à Anvers et à Gibraltar, onze entrées par an à Tanger ; Woermann Linie de Hambourg à la côte ouest d'Afrique, avec escale à Anvers, les ports marocains et les Canaries, treize entrées à Tanger ; Sloman Linie, de Hambourg en Italie, par Tanger, Malaga et Barcelone, avec quinze entrées à Tanger.

Pays-Bas : Royal Netherlands Steamship Cy, d'Amsterdam en Italie par Lisbonne, Tanger et Gibraltar, dix entrées.

Depuis 1896, il faut ajouter aux lignes anglaises celle de MM. Forwood Bros and Cº, de Londres à Gibraltar, par Tanger et les ports

Si le commerce d'exportation de l'Angleterre avec le Maroc traverse une crise sensible (1), c'est que sa prééminence même le désigne pour porter la plus grande partie du poids d'une situation économique devenue très embarrassée, surtout dans ces dernières années. A la mort de Mouley-Hassan, plusieurs négociants maures, prévoyant des troubles, ont cru pouvoir en profiter pour refuser d'acquitter leurs dettes envers les négociants de Manchester. Ceux-ci sont devenus plus prudents, ont refusé d'accorder encore de trop longs crédits et ont perdu, par suite, une partie de leur clientèle, qui est allée aux concurrents plus disposés à lui donner des délais de paiement. Les mauvaises récoltes, en appauvrissant les acheteurs, ont également nui beaucoup aux exportateurs étrangers, et surtout aux Anglais. En 1897, on prévoyait de meilleures récoltes, mais ces hypothèses optimistes ne se réalisent pas toujours : elles sont à la merci d'une guerre soudaine ou d'une invasion de sauterelles. En ce qui concerne ce dernier fléau, disons en passant que le

marocains. Les steamers de MM. Bland and C° de Gibraltar coopèrent avec ceux de la Mersey Steamship Cy, dans le service de la côte atlantique. Il faut mentionner aussi la ligne italienne Ligure Brazilien vers l'Amérique du Sud, et la ligne allemande Deutsche Levant de Hambourg à Constantinople, qui toutes deux ont commencé à relâcher à Tanger. Le service de la Compagnie Mixte Française est devenu bi-mensuel au lieu d'être hebdomadaire, et le Transport Maritime Algérien a cessé d'envoyer ses bateaux à Tanger. (Rapport de M. WHITE, consul britannique, pour 1897, annual series, n° 2131).

(1) Voir la note p. 147.

gouvernement chérifien a consenti à suivre l'exemple donné par les marchands de Saffi, et accorde actuellement des primes pour les œufs de sauterelles que lui apportent les indigènes. Ces œufs sont détruits en quantités considérables.

Une autre cause de dépression, très grave, gît dans les variations monétaires. On emploie au Maroc l'argent espagnol et français, outre une monnaie indigène connue sous le nom de *Hassani*, que le feu Sultan a fait frapper en France et en Allemagne. Le *Hassani* ne sort pas du pays ; quant à la peseta espagnole, elle subit de constantes fluctuations : en 1897, la prime sur le papier anglais est montée de 27 % à 35 %. Des variations dans le cours de 4,5 et 5 1/2 % par mois sont fréquentes. Le négociant marocain, n'osant plus conclure des contrats à terme dont l'échéance peut coïncider avec une hausse sensible du change, préfère ajourner ses commandes à des temps meilleurs. Ajoutez à cela qu'à chaque récolte des étrangers peu scrupuleux essaient d'introduire dans la circulation de vieilles pièces espagnoles démonétisées (piastres d'Isabelle, monnaies des îles Philippines ou de Puerto-Rico) ou même de la fausse monnaie marocaine, parfaitement imitée (1) : la découverte de ces fraudes met le vendeur marocain en défiance contre l'acheteur et contribue à paralyser les transactions.

L'Angleterre, plus que toute autre nation, souffre

(1) C. F. Cromie, consul britannique à Dar-el-Baïda, rapport pour 1896 (*Foreign Office*, annual series, nº 1999).

de cette crise dont les traits généraux, inhérents à l'état de choses économique au Maroc, ne semblent pas près de s'effacer. Elle paraît devoir perdre encore plus de terrain, et ce au profit de nations dont la production générale s'accorde mieux avec les besoins du marché marocain et que l'attrait de débouchés plus faciles, de colonies notamment, ne détourne pas d'une conquête ardue, mais assurément fructueuse.

CHAPITRE IX

LA BELGIQUE ; SA POLITIQUE, SON COMMERCE

Notre représentation diplomatique et consulaire au Maroc s'est complétée à mesure que nos transactions avec ce pays prenaient de l'importance. Nous avons actuellement, à Tanger, un envoyé extraordinaire et ministre plénipotentiaire, qui est en même temps chef de mission et chargé de la gestion du consulat général au Maroc. C'est M. Édouard Anspach, grand-officier de l'ordre de Léopold, que son habitude du pays et l'habileté avec laquelle il a mené des négociations y relatives avant son entrée en fonctions (il est un des signataires de la convention de Madrid de 1880) désignent à ce poste, un des plus difficiles et des moins agréables qu'offrent à la diplomatie européenne les pays hors chrétienté. Le consul de Belgique à Tanger est M. Sicsù, Marocain de naissance, officier de l'ordre de Léopold, propriétaire du fameux « jardin de Belgique » qui est, après la prison de la Kasbah, la principale curiosité de Tanger. Nous avons ensuite trois vice-consuls, à Dar-el-Baïda ou Casablanca (M. Levysohn), à Mazagan (M. J. de Maria) et à Mogador (M. Johnston) ; et quatre agents consulaires, à Tetuan (M. Isaac

Nahon, banquier, ancien consul d'Angleterre), à Saffi (M. T. Carrara), à Rabat (M. E. Severac), et à Larache (M. E. Clarembaux). En tout, neuf agents du gouvernement belge : c'est trois de plus que nous n'en avons au Japon, et deux de plus qu'en Suisse, abstraction faite des grades. Et cependant il ne serait pas inutile d'en avoir deux de plus, à Fez et à Marrakesch, car nous ne sommes pas représentés dans l'intérieur du pays. L'Angleterre a un vice-cousul à Fez.

On le voit, le corps consulaire de Belgique est assez nombreux et assez bien composé pour pouvoir faire face, le cas échéant, à une politique active. Ses débuts, cependant, ont été modestes. Ce n'est guère qu'en 1856 que notre gouvernement s'est aperçu du développement que prenaient nos échanges commerciaux avec le Maroc et de l'importance des intérêts que nous avions dans ce pays. Ses premiers efforts sérieux pour assurer à nos commerçants des avantages sur le marché marocain et pour régler d'une manière également avantageuse le statut de nos nationaux et de nos protégés habitant le Maroc, datent de la période 1856-1862. En 1861, le consul général de Belgique à Tanger avait avisé M. Rogier, ministre des Affaires étrangères, de la prospérité rapide de certaines branches du trafic belgo-marocain. La Belgique avait pris une part notable aux achats de laines ; un million de livres, représentant dix chargements, avaient été embarquées dans les ports du Maroc pour le compte de nos manufactures. Notre pays prenait le troisième rang dans la statistique des laines exportées. Une maison d'Anvers venait d'obtenir la nationalisation d'un navire destiné à faire le service entre notre grand port national et les côtes marocaines ; ce navire était attendu au Maroc avec un plein chargement de produits belges. Nos usines métallurgiques nouaient des rapports fructueux avec le Makhzen : on avait débarqué une machine à vapeur pour moudre le blé, d'une force de vingt chevaux, la première qu'eût encore vue le Maroc ; et des envois d'armes de Liége étaient parvenus au gouvernement du Sultan, qui s'en montrait très satisfait.

Le 9 novembre 1856, l'Angleterre avait réussi à signer avec le Maroc une convention commerciale fort avantageuse pour elle, d'autant plus que les anciennes conventions qui formaient jusqu'alors la base du droit international privé au Moghreb, tombaient en désuétude et n'offraient plus qu'une sécurité et des garanties très relatives. Le traité anglo-marocain réduisit les droits d'exportation qui pesaient sur le blé, le maïs, les laines, les cuirs, les gommes, la cire, les fruits, etc. Il abaissa les droits d'entrée à un maximum de 10 p. c. *ad valorem*, avec une double exception pour le sucre raffiné, qui payait 30 p. c., et pour le fer, taxé 100 p. c. Les effets de cette convention se firent tellement bien sentir, que pendant les quatre années qui suivirent sa conclusion le commerce britannique avec le Maroc augmenta, importations et exportations réunies, de près de vingt-six millions de francs, soit d'environ un quart, et ce malgré les prohibitions successives dont furent frappés le blé et les laines, malgré les mauvaises récoltes et la guerre avec l'Espagne.

A la suite du traité, le ministre marocain Sidi Mohammed Khatib avait publié une circulaire offrant aux puissances qui voulaient adhérer à la convention les mêmes avantages qu'à l'Angleterre. Le gouvernement belge adhéra immédiatement. Il fit mieux : considérant que rien ne vaut un traité en bonne et due forme conclu entre les intéressés mêmes, il chargea son consul général à Tanger de préparer la première convention spéciale entre le Maroc et la Belgique. Malheureusement, les bonnes dispositions du Makhzen s'étaient modifiées à mesure que les événements politiques lui donnaient plus d'inquiétude, et notre consul ne parvint à conclure aucun arrangement. La guerre éclata sur ces entrefaites et l'Espagne victorieuse obtint à son tour, le 30 octobre 1861, un traité avantageant notablement ses marchandises et ses nationaux. Le consulat de Belgique en profita pour revenir à la charge. Il saisit l'occasion d'une visite à Tanger du frère du Sultan : ses ouvertures furent cette fois accueillies, et il en résulta le traité belgo-marocain du 4 janvier 1862, qui nous admit au bénéfice de la nation la plus favorisée, à charge de réciprocité, et étendit à nos nationaux et à nos marchandises les faveurs dont jouissaient ceux de l'Angleterre et de l'Espagne.

Le traité fut présenté à la Chambre des Représentants par M. Charles Rogier, le 18 février 1862, renvoyé aux sections et voté ensuite sans discussion, sur un rapport de M. Van Iseghem. « Ce traité, déclara le rapporteur, fortifiera les relations qui ont commencé à s'établir entre les deux pays ; nos compatriotes trouveront toutes les garanties, toute la sécurité et tous les avantages mercantiles qu'ont les autres nations privilégiées ; ils pourront donc, sans crainte, faire des efforts pour établir des relations avec cette partie de l'Afrique (1). »

Aux termes du traité, les consuls et les nationaux belges étaient donc admis à la même situation juridique que ceux de l'Angleterre et de l'Espagne. Leur immunité était garantie, et ils pouvaient choisir librement leurs interprètes et leurs serviteurs parmi les sujets du Sultan. Le consul, sa famille et les personnes au service du consulat étaient exemptés des impôts de toute nature ; les objets nécessaires à leur entretien, qu'ils faisaient venir de l'étranger, ne payaient point de droits de douane. Il était permis aux Belges de « voyager, résider, et s'établir librement dans les domaines du roi du Maroc » ; s'ils avaient acheté des propriétés avec l'assentiment des autorités, il leur était permis d'en disposer à leur guise sans être inquiétés ; sous « aucun prétexte » ils ne pouvaient être forcés à payer des impôts ou contributions, ordinaires ou extraordinaires ; on ne pouvait exercer dans leur domicile aucune perquisition, sans le consente-

(1) *Annales Parlementaires.*

ment du consul ; ils étaient exempts aussi de tout service militaire. Des stipulations précises réglaient la liberté du culte catholique : les Européens au Maroc ont leurs églises et leurs cimetières, et les autorités indigènes ne peuvent même pas « troubler » les cérémonies de leur culte. La justice est basée sur les règles générales qui prévalent dans les pays hors chrétienté. Le Belge, coupable de scandale, d'insulte ou de crime méritant châtiment, est livré à son consul. Tous les conflits qui s'élèvent entre sujets belges ressortissent aux tribunaux consulaires, sans que les autorités aient rien à y voir. Pour les différends entre indigènes et étrangers, la règle est invariable. Si le demandeur est Belge et le défendeur Marocain, la cause est introduite suivant le cas devant le gouverneur du district ou le Cadi, par l'intermédiaire de l'agent consulaire, qui a le droit d'assister aux séances du tribunal ; si le demandeur est Marocain et le défendeur Belge, la cause est portée devant l'agent consulaire par l'intermédiaire des autorités marocaines, et le gouverneur et le Cadi ont également le droit d'assister aux débats. Le Marocain peut porter sa cause en appel devant le ministre marocain des Affaires étrangères ; le Belge, devant le chargé d'affaires ou ministre plénipotentiaire de Belgique. Les faux témoins, à quelque nationalité qu'ils appartiennent, sont punis sévèrement suivant leurs juridictions respectives.

Aucune saisie ne peut être opérée sur les biens d'un Belge décédé au Maroc. Ils sont partagés entre les héritiers qu'il a désignés, et, s'il est mort *ab intestat*, le consul en prend possession pour en assurer la répartition entre les héritiers désignés par sa loi nationale. Le consul prête ses bons offices au sujet marocain pour recouvrer les créances qu'il pourrait posséder sur le Belge décédé.

Pour ce qui concerne la navigation, les douanes marocaines ne prélèvent des droits que sur les marchandises réellement débarquées par un navire, et ne peuvent rien percevoir pour les marchandises à destination d'un autre port marocain : c'est l'abolition d'une sorte de droit de transit maritime. Le Sultan s'est engagé à faire tous ses efforts pour détruire la piraterie. En cas de capture d'un navire ennemi par un vaisseau marocain, la marchandise belge sous pavillon ennemi est libre, sauf la contrebande de guerre. Un droit d'ancrage et de mouillage est perçu dans les ports marocains, plus un droit de pilotage obligatoire à Rabat et à Larache ; mais les droits de pilotage seuls doivent être payés par les navires qui ne se livrent pas à des opérations de commerce.

Les marchandises achetées dans le pays par un Belge pour être exportées ne peuvent être frappées d'aucun droit de transit, ni soumises à aucune formalité dispendieuse, et seront embarquées librement au port d'exportation, à moins qu'il ne s'agisse de marchandises prévues au tableau des droits d'exportation (qui comprenait, en 1861, quarante et un articles, parmi lesquels le blé, le maïs, l'orge, les cuirs, les fruits, les ânes, mules, moutons, chèvres et poules), ou des marchandises dont l'exportation est temporairement ou définitivement prohibée par le Sultan (c'est le cas souvent pour les blés et l'orge, généralement pour le bétail, toujours pour les chevaux). Néanmoins, en cas de prohibition d'exportation pour un article, le sujet belge qui en aurait des approvisionnements en magasin, sera autorisé à s'en débarrasser. Les marchandises introduites en fraude au Maroc, sont confisquées et le fraudeur livré à son consul.

Le régime de la propriété est plus spécialement défini à l'article 4 du traité général de 1856 avec l'Angleterre, dont les termes, comme nous l'avons dit, s'appliquent également aux Belges :

« Ils seront libres de louer à bail, ou de toute autre manière, des maisons ou des magasins ; toutefois, si un sujet anglais ne trouvait pas une maison ou un magasin convenable pour son logement ou pour son commercé, les autorités marocaines l'assisteront à trouver un logement dans la localité généralement choisie pour les habitations des Européens. S'il y a, à l'intérieur de la ville, un emplacement convenable pour bâtir une maison ou un magasin, il se fera un engagement par écrit avec les autorités de la ville, contenant le nombre d'années pendant lesquelles le sujet anglais pourra garder en sa possession la terre et le bâtiment, de façon à pouvoir être payé des frais qu'il aurait pu faire ; et personne ne pourra forcer le sujet anglais à abandonner sa demeure ou son magasin, avant que le temps mentionné dans le document soit expiré. Ils ne seront jamais forcés, sous quelque prétexte que ce soit, à payer des taxes ou impositions. »

Plus loin, il est dit également qu'ils pourront « acheter de qui ils voudront et vendre à qui ils voudront, tous les objets « sauf ceux dont le Sultan a conservé le monopole, ou ceux dont il a prohibé l'entrée (tabac, pipes à fumer, opium, soufre, poudre, salpêtre, plomb, armes, munitions de guerre, sangsues, quinquina).

Les Belges ont le droit d'administrer librement au Maroc leurs propres affaires, ou de nommer qui leur plaît pour les y représenter : le gouvernement marocain ne peut leur imposer qui que ce soit à cet effet.

Tous les droits et toutes les facultés susmentionnés reconnus aux Belges le sont également aux Marocains résidant ou commerçant en Belgique, sauf en ce qui concerne, naturellement, l'administration de la justice. Cette réciprocité, comme bien on pense, ne nous engageait pas à grand'chose, puisque toutes les facilités et toutes les libertés qu'il a fallu arracher par la persuasion au gouvernement marocain, sont de droit public dans tous les pays civilisés.

Nous avons fait allusion, plus haut, aux débats qui furent provoqués par le projet de construction d'un phare au cap Spartel. La situation géographique de ce cap, à l'entrée du détroit de Gibraltar, et à l'extrémité nord-ouest du contingent africain, suffit à expliquer l'utilité considérable d'un pareil ouvrage. Les intrigues des grandes puissances, également désireuses de prendre pied au Maroc et d'empêcher leurs rivales d'y fonder un établissement, faillirent compromettre le projet et sacrifier à leurs intérêts politiques le bien commun. Une convention intervint heureusement, en 1865, entre le Maroc, d'une part, la Belgique, l'Autriche-Hongrie, l'Espagne, les États-Unis, la France, l'Italie, les Pays-Bas, le Portugal, la Suède et la Norwège, d'autre part : le Maroc assumait les frais de construction du phare, sur lequel devait flotter son pavillon ; les puissances co-contractantes se chargeaient des frais d'entretien, à parts égales. La Belgique a eu une part honorable dans ces utiles négociations : c'est le nom de son consul général « à la côte occidentale d'Afrique », M. Ernest Daluin, qui figure en tête de ce traité. Le subside de la Belgique, qui est au maximum de 1.500 francs par an, figure au budget du ministère des Affaires étrangères sous la rubrique : « Quote-part de la Belgique dans les frais annuels d'entretien du phare du cap Spartel. » Le premier gardien du phare fut un Belge : c'est aujourd'hui un Autrichien.

Ces négociations montrent un certain développement dans l'influence des Belges au Maroc et dans l'attention donnée à ce pays par notre département des Affaires étrangères. En 1866, M. Ernest Daluin se rendit en mission officielle à Fez, pour y notifier au Sultan l'avènement au trône de Léopold II. Le récit de son voyage figure au *Moniteur* des 4 et 5 octobre 1866 : il est fort intéressant, mais au point de vue purement géographique et ethnographique. Deux ans après, le gouvernement, dont l'attention avait été appelée sur les richesses minières et sur les perspectives industrielles qu'offrait le Maroc, envoyait dans ce pays M. l'ingénieur Desguins. Les années suivantes furent consacrées au développement de nos relations consulaires et diplomatiques avec le Moghreb. La Belgique fut la première à adhérer à la convention de Madrid, important traité que signèrent avec elle l'Allemagne, l'Autriche-Hongrie, le Danemark, l'Espagne, les États-Unis, la France, la Grande-Bretagne, l'Italie, les Pays-Bas, le Portugal, la Suède et la Norwège. Par ce traité le Maroc étendait aux gouvernements signataires les bénéfices fondamentaux des traités de 1856 et de 1861 avec l'Angleterre et l'Espagne. Les dispositions de ces conventions relatives à la protection des étrangers étaient complétées dans un sens libéral, et elles forment encore aujourd'hui la charte de droit public appliquée par les consuls à leurs nationaux.

Cependant le traité de commerce conclu, le 1er juin 1890, entre l'Allemagne et le Maroc, et la convention franco-marocaine du 21 décembre 1892 forment encore un appendice à la convention de Madrid, en vertu du traité belgo-marocain qui stipule en notre faveur la clause de la nation la plus favorisée.

Par conséquent, les commerçants belges ont le droit d'envoyer au Maroc toutes marchandises, sans que l'origine de ces marchandises ou le pavillon du navire puissent motiver un traitement différentiel. Exception est faite pour le tabac et les produits destinés à être fumés, l'opium par exemple ; en outre pour la poudre, le salpêtre, le soufre, le plomb, les munitions de guerre et armes de tout genre. Le droit maximum fixé à l'entrée des produits belges est de 10 p. c. *ad valorem*, calculés sur le prix brut usuel des marchandises sur le marché marocain. A l'intérieur du pays, ces marchandises ne peuvent être frappées de taxes supérieures à celles qui atteignent les produits marocains ou les produits de la nation la plus favorisée. Les marchandises ayant payé une fois les droits d'entrée, peuvent être transportées d'un port du Maroc à un autre sans avoir à subir d'autre taxe d'entrée, à condition d'être munies d'une attestation de la douane. Moyennant le paiement des droits de sortie stipulés au tarif, les sujets belges ont le droit d'exporter les produits du Maroc sur les bâtiments qu'ils choisissent : ils peuvent également envoyer leurs agents dans les villes de l'intérieur pour y faire leurs achats, et ces transactions ne peuvent sous aucun prétexte être troublées par l'administration chérifienne ou par les indigènes.

Le tarif douanier annexé aux traités avec l'Allemagne et la France est celui qui régit actuellement nos relations commerciales avec le Maroc. Le voici :

Importation (1). — En général, il est perçu à l'importation un droit de 10 p. c. sur la valeur des mar-

(1) Les droits sont appliqués indistinctement, quel que soit le pays de provenance.

chandises. Cette valeur est fixée d'après le prix de vente en gros et au comptant des marchandises sur le marché du port où elles sont débarquées. Sont exceptionnellement taxés à raison de 5 p. c. *ad valorem :* les tissus de soie pure ou mélangée ; les bijoux en or et en argent ; les pierres précieuses et leurs imitations ; les galons en or ; les vins de toute espèce ; les liquides distillés de toute espèce ; les pâtes alimentaires.

Prohibitions. — Sont prohibés à l'importation : la poudre, le salpêtre, le soufre, le plomb, les munitions de guerre et les armes de toute espèce.

Tabac. — Le tabac et autres produits analogues pour fumeurs sont taxés à raison de 10 p. c. *ad valorem,* mais l'importation de ces articles ne peut s'effectuer que par le port de Tanger.

Exportation. — Les droits d'exportation sont les suivants :

MARCHANDISES		Droits Réaux
Alpiste (1)	quintal	5
Amandes	id.	15
Anis	id.	10
Balais en palmier	50 kil.	1 1/2
Bas de laine	*ad val.*	8 %

(1) L'unité monétaire employée dans le tarif est le réal, qui vaut 25 centièmes de piécette espagnole ou d'un franc. Le quintal = kil. 50,750 ; la livre = kil. 04,925 ; la fanèque = litres 56.

Bœufs (1)	tête	100
Bois d'*arare* et de cèdre,	demi-charge de mulet	5
	demi-charge de chameau	6
Boyaux	quintal	10
Carvi	id.	8
Ceintures en laine	cent	50
Chanvre	quintal	16
Chiffons	id.	5
Chilabas (vêtements en laine)	*ad val.*	5 %
Cire purifiée	quintal	60
— vierge	id.	50
Citrons doux et amers	mille	4
Cordes en poils de chèvre	cent	10
Cornes	mille	8
Coussins en cuir brodés de soie ou de laine	*ad val.*	5 %
Cumin	quintal	6
Dari	fanèque	10
Dattes	quintal	20
Déchets de peau pour la fabrication de la colle	quintal	4
Écorces d'arbres	id.	6
El Herf (graines)	id.	10
Étriers en fer	*ad val.*	8 %
Fasukh (parfum)	quintal	10
Fenugrec	id.	5

(1) Les bœufs ne peuvent être exportés que moyennant une autorisation spéciale que le gouvernement accorde aux pays étrangers. Chaque pays a droit à une exportation annuelle de 6.000 bœufs.

Feuilles de palmier nain . . .	100 bottes	8
Feuilles de roses.	quintal	10
Fèves	fanèque	10
Fibres de palmier	50 kil.	2 1/2
Fil de laine	*ad val.*	8 %
Fromages.	quintal	20
Ghazul (terre savonneuse)	id.	7 1/2
Gommes	id.	8
Graine de lin	id.	5
Haïks (tissus rayés en laine) . . .	*ad val.*	5 %
Henné.	quintal	6
Huile	id.	25
Kermès	id.	10
Koh'l (poudre d'antimoine pour teindre les cils)	quintal	5
Laine en suint	id.	27 1/8
— lavée.	id.	40
Lapins.	pièce	1
Lentilles	fanèque	10
Liège	quintal	6
Lièvres	pièce	1
Lin.	quintal	16
Maïs	fanèque	10
Manteaux en laine	*ad val.*	5 %
Millet	fanèque	10
Minerais de cuivre	quintal	5
— de fer	id.	2
— autres excepté les minerais de plomb	quintal	5

Nattes	*ad val.*	8 %
Noix	quintal	8
Œufs	mille	25
Œufs d'autruche	pièce	1/2
Oranges	mille	4
Origan	quintal	4
Orseille	id.	10
Osier	id.	2
Paniers en palmier	cent.	10
Pantoufles	*ad val.*	5 %
Peaux : apprêtées	quintal	50
— de bœuf, de mouton et de chèvre	quintal	18
— de mouton, tannées, avec laine	id.	18
Peignes en bois	cent	2
Perdrix	pièce	1
Piquants de porc-épic	mille	2
Plumes d'autruche	livre	18
Poils et laine de chèvre	quintal	15
Poires	id.	10
Pois et pois chiches	fanèque	10
Poisson salé	quintal	20
Poules	douzaine	10
Raisins secs	quintal	10
Riz	id.	9 3/8
Sacoches en cuir	*ad val.*	5 %
Sanusch	quintal	8
Sarguina (matière tinctoriale)	id.	5
Sésame	id.	10
Sparte	id.	2

Suif	quintal	23
Tacout (matière tinctoriale) . . .	id.	10
Tamis	*ad val.*	15 %
Tapis	id.	5 %
Tissus en fibres de palmier . . .	id.	5 %
Tortues	50 kil.	2 1/2
Vaisselle en cuivre	*ad val.*	8 %

Les relations politiques de la Belgique avec le Maroc ne se sont pas bornées aux négociations indispensables pour mettre notre commerce dans ce pays sur le même pied que celui des autres nations. Il est vrai que la plupart des Belges qui ont visité ce pays, — depuis Nicolas Cleynaerts, philologue de Louvain, qui voyagea au pays de Fez en 1540, jusqu'à nos modernes *globe-trotters*, en quête d'orientalisme, — ne se sont nullement préoccupés de faire de la politique au Maroc. Cependant il y a eu de vraies et énergiques tentatives de « pénétration », des efforts faits pour mettre la Mauritanie sous la domination économique de notre pays. La mission de 1888 du baron Whetnall, à Fez et à Mequinez, mérite, à cet égard, une mention. M. Edmond Picard, qui en faisait partie, aurait pu en laisser un récit précieux si l'esthète, chez lui, n'avait fait tort à l'annaliste. Nous savons, cependant, grâce à lui, que la mission belge avait apporté au sultan Mouley-Hassan de nombreux cadeaux qu'il apprécia fort : un lustre en verre de Venise moderne, deux glaces, une pendule en cuivre, un coffret à bijoux, un sabre de colonel, une cage avec un oiseau chanteur mécanique, etc. Mais nos compatriotes avaient compté surtout sur l'effet d'un train minuscule, qu'un mécanicien belge parvint à monter et à faire rouler, après plusieurs jours d'un travail pénible, dans un jardin impérial de Mequinez. La locomotive, la première qu'on eût vue dans le pays, s'appelait *Là Marocaine*. Le Sultan assista à l'inauguration et resta impassible ; les chérifs de sa suite s'empilèrent à tour de rôle dans les wagonnets et se laissèrent traîner sans témoigner le moindre étonnement. L'impression des Européens paraît avoir été que « notre *Bapour* irait rejoindre, dans le magasin aux accessoires, les innombrables présents oubliés des *Bashadours* antérieurs ». Il n'est même pas certain que le petit chemin de fer ait joui d'une vogue aussi durable que d'autres cadeaux diplomatiques, comme ces poupées nageuses qu'un ambassadeur étranger avait eu la lumineuse idée d'offrir au vicaire de Mahomet. Si le baron Whetnall pensait, par son chemin de fer joujou, intéresser le Sultan à l'établissement de voies ferrées dans le pays, c'est qu'il avait réduit au-dessous de leur valeur réelle les deux facteurs qui retardent et retarderont peut-être longtemps encore l'entrée des inventions européennes au Maroc : la haine des innovations et la défiance qu'inspirent tous les chrétiens, sans distinction de nationalité.

M. Picard résume en quelques lignes les conférences qui ont eu lieu entre le baron Whetnall et le Mahkzen : «... En aurore des perspectives séduisantes se lèvent pour la Belgique. Le Grand-Vizir est un fanatique du Maroc fermé. Garnit, non. Le Sultan non plus. Ceux-ci voudraient le progrès commercial et industriel par les Maures. Le Maroc aux Marocains. Le Maroc fermé a du bon, mais on l'a déjà trop ouvert. Si on persistait, les puissances le forceraient à coups de canon. Il faut se soumettre à l'inévitable. Mais les grandes puissances, avec leur goût de conquête, sont peu sûres. Il faut une nation honnête, sans visées ambitieuses. La Belgique neutre s'indique. Elle aussi est entourée de gros voisins dont les rivalités la garantissent. L'analogie est frappante. Elle s'est développée merveilleusement en cherchant en tout le progrès. Ne pourrait-elle envoyer ici une mission civile d'ingénieurs ?... Ils seraient les éducateurs des Marocains et les contrôleurs des envois belges, pour déjouer les livraisons discréditantes des spéculateurs trompeurs. La Belgique est pacifique. Elle est arrivée avec des présents pacifiques, et non, comme d'autres, avec des fusils, des canons et des mitrailleuses ; elle est venue sans cuirassés et sans cuirassiers, sans ces gros cuirassiers français et allemands, triés parmi les athlétiques, qu'exhibaient avec un faste menaçant les missions antérieures. Elle n'a pas eu l'arrogance habituelle. Mouley-Hassan pourrait être l'initiateur de cette évolution. Pourquoi ne serait-il pas, dans la paix, grand comme Mouley-Ismaël dans la guerre ? »

Vaguement, il fut question ensuite de chemins de

fer, de Mequinez à Fez, ou de Rabat à Mequinez ; de l'amélioration des ports ; d'une ligne télégraphique. Mais, en définitive, le Sultan ne s'engagea à rien. Quand la mission repartit pour Tanger, M. Whetnall reçut un fusil et un cheval sellé ; M. Sicsù, un sabre et un cheval non sellé ; tous les autres membres de la mission, y compris M. Picard, un sabre. Mais en fait de résultats diplomatiques, les Belges conquirent seulement la promesse que si jamais un chemin de fer devait être construit au Maroc, cette construction leur serait confiée. Nous avons entendu dire depuis que ce genre d'engagements aléatoires est très en vogue parmi les diplomates marocains. Telle nation aura les travaux de tel port, si jamais on y travaille ; tel particulier aura telle concession dans telle région, si jamais cette région doit être exploitée ; telle ambassade aura seule le droit d'établir un consul dans telle ville, si jamais le régime consulaire y doit être introduit. Une promesse subordonnée à une condition plus qu'improbable, c'est bien la moins engageante des concessions que puisse faire un homme prudent. A défaut de mieux, le gouvernement belge s'en est contenté.

En 1897, le roi Léopold visita le Maroc. Il partit, le 14 septembre, de Las Palmas à bord de son yacht *Clémentine* pour Mogador. M. Anspach, ministre de Belgique à Tanger, l'accompagnait. Le Roi visita incognito Mogador, prit part à une chasse au sanglier, se rendit ensuite par mer à Larache, où il débarqua, et fit à cheval, en suivant la côte, la route de Larache à Tanger, par Arzeila. Léopold II arriva le 1er octobre à Tanger, et s'embarqua aussitôt sur son yacht. M. Anspach nous a assuré que ce voyage n'avait absolument aucune signification politique, et nous n'avons pas la moindre raison de mettre en doute l'affirmation de l'honorable ministre. Il est impossible, en effet, qu'en si peu de temps le Roi ait pu traiter de n'importe quelle affaire, car le Mahkzen n'est jamais pressé : la brièveté du séjour à Tanger, où réside le ministre marocain des Affaires étrangères, est suffisamment significative à cet égard. Du reste Léopold II voyageait incognito, sous son pseudonyme habituel de comte de Ravenstein.

A cette époque, il était beaucoup question de la création aux Canaries d'un sanatorium pour les Belges revenant du Congo : des études avaient été faites et le projet était accueilli par l'opinion publique avec une faveur facile à comprendre. On a pu, sans invraisemblance, rattacher à ce projet la présence du souverain de l'État du Congo à Las Palmas ; on a prétendu ensuite que Léopold II, désillusionné au sujet des Canaries, était allé chercher un emplacement plus favorable sur la côte marocaine, dont le climat est unanimement vanté. Il est certain, dans ce cas, qu'il n'a pas cherché longtemps. Le véritable motif de ce voyage, nous semble-t-il, doit être cherché dans le goût des déplacements, lequel, on le sait, est très vif chez notre Roi. Il est allé au Maroc comme il est allé en Tunisie, plus récemment : pour se distraire.

Cela n'empêche que ce voyage n'ait donné lieu, dans la presse étrangère, aux plus graves commentaires. Le *Figaro*, notamment, prévoyait une mainmise des Belges sur le nord-est de l'Afrique. Suivant ce journal le roi Léopold, satisfait d'avoir donné au Congo la mesure de ses aptitudes colonisatrices, cherchait pour la Belgique une colonie nouvelle, d'un climat inoffensif et moins éloignée de la mère-patrie. Un certain nombre de journaux français, qui considèrent encore toujours Léopold II comme un allié secret de l'Allemagne, se montrent hostiles par principe à toutes ses entreprises, vraies ou supposées. Ce qui nous importe davantage, c'est le ton rassis avec lequel la plupart des organes de la presse étrangère parlent des projets belges : la possibilité d'une entreprise pareille, exprimée par eux, est déjà une sorte de reconnaissance de la légitimité de notre expansion politique. Les « révélations » du *Figaro* n'ont pas jeté l'alarme parmi les nations qui sont censées veiller à l'intégrité marocaine. Dans un même ordre d'idées, nous avons entendu plus tard l'étranger apprécier avec une faveur marquée les demandes de notre ministre à Pékin. Le *Journal des Débats* a écrit à ce propos que les puissances, et en première ligne la France, verraient avec plaisir les Belges acquérir une enclave dans l'Empire chinois. Pour apprécier sainement l'avenir de notre politique au Maroc, il importe de tenir compte de ces considérations. Nous avons sur nos puissants voisins cet avantage que nos projets d'expansion sont accueillis en général sans défiance ; mieux que cela, ils semblent soutenus par une sympathie latente, née sans aucun doute de l'intérêt qu'ont pris les grandes nations à l'activité des Belges dans le bassin du Congo. Est-il besoin d'ajouter que nous avons profité très peu de ces dispositions dans notre développement extérieur en général, et plus spécialement dans le cas particulier qui nous occupe ?

Contraste complet : si notre diplomatie est, au Maroc, la plus timide, notre commerce y est relativement le plus important, car il est le plus viable, il présente dans sa nature même le plus de garanties d'avenir, et il surmonte facilement des crises qui font perdre du terrain à toutes les autres nations commerçantes, y compris l'Allemagne. Nous avons vu, en effet, que ces nations souffraient toutes à des degrés variables du marasme dans lequel reste enveloppé le marché. La stagnation est exceptionnelle, le recul général : les nations qui ne perdent que peu ou rien sont les plus heureuses.

Est-ce à dire que les commerçants belges se donnent beaucoup de peine pour faire progresser leurs exportations au Maroc ? Non. La prospérité relative dont elles bénéficient est moins l'œuvre des hommes que celle de la nature, qui a fait le Maroc et la Belgique, au point de vue des productions économiques, si exactement complémentaires l'un de l'autre. « Jamais nos voyageurs de commerce ni les représentants de nos grandes industries ne se sont donné la peine de faire pénétrer nos produits dans ces contrées, où d'autres pays, même la Suède, envoient constamment des hommes d'affaires énergiques et actifs qui parviennent, sans trop d'efforts, à obtenir des commandes et à conclure des marchés avantageux. Et cependant les produits de notre industrie pourraient y lutter victorieusement contre ceux de toute autre nation (1). »

Il convient de dire, pour commencer, que les envois du Maroc en Belgique sont de très peu d'importance. Cela se comprend parfaitement. Nous n'avons dans ce pays ni maisons belges, ni succursales de maisons belges. Les ressources qu'il peut offrir nous échappent. Nos consuls, il est vrai, signalent dans leurs rapports des achats à faire, des transactions à conclure ; mais ces renseignements sont nécessairement incomplets au point de vue pratique, et c'est toute une affaire pour le négociant belge qui veut les compléter en s'adressant à des maisons marocaines : il faut d'abord chercher et choisir avec prudence ses correspondants, les accabler de questions concernant des expéditions qu'ils n'ont pas encore faites ; la correspondance traîne ; le bénéfice espéré semble fondre sous les réticences grosses d'inconnues et le plus souvent le négociant belge, qui a d'autres chats à fouetter, abandonne ses projets. En 1892, les exportations du Maroc vers la Belgique s'élevaient à la somme considérable de mille deux cents

(1) HENRI MARTEL, *Le développement du commerce de la Belgique avec les pays étrangers.*

francs ; en 1893, elles montaient à 6850 fr. ; en 1894, elles étaient à 2975 fr. et, l'année suivante, à 0. En 1896, elles reparaissaient, heureusement, sur les tableaux statistiques, pour une valeur de 3900 fr. et, en 1897, elles sont allées jusqu'à 5275 fr. (1) Jamais encore elles n'ont été aussi élevées. Encore sont-elles inférieures à celles de dix autres nations, parmi lesquelles le Portugal, les États-Unis et la Hollande.

Cette situation n'a cependant rien d'alarmant. Avec la première firme belge qui s'établira sur le territoire marocain, les envois de ce pays vers le nôtre augmenteront dans des proportions rapides. Dans combien de contrées cela n'a-t-il pas déjà été le cas ! Mais il importe, avant tout, de prendre pied au Moghreb.

Que pouvons-nous donc tirer du Maroc ? Beaucoup de choses, s'il faut en croire nos consuls. L'Angleterre et la France y achètent de fortes quantités de peaux de chèvre : les tanneurs des États-Unis ont des agents dans le pays qui sont spécialement chargés d'acheter ces produits. Les peaux de chèvre ne trouveraient-elles point de placement en Belgique ? Les laines du Maroc sont articles d'exportation. Il nous souvient d'avoir entendu des négociants anversois parler de ces laines, dont ils avaient reçu des échantillons : elles ne leur

(1) Nous en étions à ce point de notre travail, quand ont paru au *Recueil consulaire* les rapports couvrant l'année 1897. Il en sera tenu compte dans les conclusions de cette thèse. Elles n'en seront du reste pas modifiées, car nous avons pu, en novembre 1897, prendre connaissance de ces statistiques (qui étaient presque complètes déjà), au consulat de Belgique à Tanger.

avaient point convenu, parce qu'elles n'étaient pas de qualité marchande, c'est-à-dire cotées sur le marché. Cependant les filateurs de Roubaix et de Tourcoing en importent beaucoup et entretiennent sur la côte africaine des agents chargés de conclure les achats avec les indigènes. Faut-il donc désespérer de voir ces laines apparaître sur le marché d'Anvers, quand elles figurent avec honneur sur ceux de Dunkerque et de Liverpool? Les occasions de Tanger et des ports marocains de l'Atlantique pour Anvers sont plutôt rares, mais il est probable que les navires de la Oldenburg-Portugiesische et de la Woermann feraient escale dans le port belge, si on leur donnait des frets de retour assez importants. « Si les navires venant du Congo, dit M. Anspach, touchaient au Maroc, ils combleraient une lacune, et il est probable qu'au bout d'un certain temps un courant d'affaires amenant les produits du Maroc en Belgique aurait de la chance de s'établir. Il y aurait, il est vrai, l'inconvénient d'allonger un peu les voyages du Congo à Anvers, à moins de supprimer l'escale à Madère ; cet inconvénient est peut-être assez sérieux pour empêcher une modification dans l'itinéraire suivi par ces bateaux. » Nous aurons l'occasion, plus loin, de revenir sur cette idée.

D'autres produits marocains semblent pouvoir pénétrer sur le marché belge. La cire jaune continue, malgré certaines adultérations commises par les exportateurs, à être envoyée en Angleterre, en France et en Allemagne. Pourquoi pas en Belgique? Les expéditions de cuirs sont prospères, mais elles vont surtout vers la France et l'Italie. Un tiers est destiné à l'Angleterre, à l'Allemagne et à l'Espagne. La statistique de 1896 ne renseignait qu'un envoi de 25 balles pour Anvers. Il est vrai qu'une partie des produits envoyés par le Maroc dans notre pays, étant embarqués à bord de navires allemands, peuvent nous arriver par Hambourg, et cela semble être le cas pour les envois de cuirs : notre ministre les croit dix fois plus considérables que ne l'indiquent les statistiques.

Quant à stimuler les exportations du Maroc en montant dans le pays même des exploitations agricoles ou industrielles, il n'y faut pas songer dans l'état actuel de l'administration de ce pays. Les rapports consulaires pour 1897 s'expriment très franchement à ce sujet. D'une part, on lit : « Au point de vue de l'agriculture proprement dite, c'est-à-dire de la culture de la terre, je pense qu'il n'y a rien à faire pour nos compatriotes » ; de l'autre : « Nos agents sont d'accord pour déconseiller toute tentative industrielle un peu importante dans l'intérieur du Maroc. » En effet, les autorités indigènes, interprétant la convention de Madrid dans le sens qui leur est le plus favorable, empêchent l'acquisition de propriétés foncières par les Européens, et les demandes de concessions de mines, travaux d'utilité publique, exploitations industrielles de tout genre sont, comme nous l'avons déjà dit, très régulièrement accueillies par un refus. Et cependant le Maroc est un des pays du monde qui, relativement à leur étendue, offrent le plus de ressources !

Pour nous résumer, les envois du Moghreb en Belgique sont insignifiants. Il y a moyen cependant de les faire progresser dans des proportions *considérables,* si nos négociants veulent prendre pied dans le pays, soit par eux-mêmes, soit par des agents européens. Et il y aurait moyen de faire progresser ces exportations dans des proportions, non plus simplement considérables, mais *prodigieuses*, en changeant le gouvernement du pays. Mais c'est l'œuvre de l'avenir.

Comme nous l'avons déjà dit plus haut, l'importance du Maroc aux yeux des Européens résulte surtout de sa qualité de débouché. C'est en grande partie pour ne pas voir ce débouché se fermer à leurs produits que les nations se surveillent de si près les unes les autres ; c'est aux ressources que ce débouché offre au travail national qu'elles mesurent la vigueur de leur politique. Or, les exportations belges au Maroc nous offrent un tableau éminemment flatteur pour l'amour-propre de nos négociants. En 1897, la Belgique a passé, du quatrième rang qu'elle occupait parmi les nations exportatrices, au troisième rang, battant l'Allemagne et se rapprochant à pas de géant de la France et de l'Angleterre, dont les exportations sont en rapide décadence. Il est vrai que depuis quelque temps les conditions de la lutte nous ont été facilitées : les exportateurs belges ont appris à connaître les produits qui convenaient au marché marocain ; ils se sont fait connaître sous leur véritable étiquette, sinon sous leur propre pavillon. Les transactions, autrefois très difficiles à cause des exigences des clients marocains, qui veulent de longs délais de paiement, et des banquiers, négociants indigènes qui vendent très cher le crédit, ces transactions, disons-nous, ont été facilitées par le Comptoir national d'Escompte de Paris, qui a fondé, sous la direction de M. Léon Millard, une agence à Tanger, avec des succursales dans toutes les villes principales du pays.

Notre grand article d'exportation est le sucre. On craignait que le système des primes d'exportation françaises ne portât un coup mortel à ces exportations, d'autant plûs que les raffineurs français peuvent livrer le sucre en pains dans des conditions meilleures de fret. A Tanger, en effet, et en général sur la côte, les sucres français sont préférés, parce qu'ils sont plus durs et résistent mieux à l'humidité : c'est un point important que nos agents consulaires signalent aux fabricants belges. Les sucres français, en outre, ont pour eux une vieille réputation, ce qui est beaucoup chez des gens peu enclins, en général, aux changements, et qui tiennent à leurs erreurs. Les négociants de Tanger, notamment, préfèrent acheter leurs sucres à Marseille : le fret d'Anvers à Tanger est de 10 shillings et 10 °/₀ ; de Marseille à Tanger il n'est que de 10 shillings ; les arrivages, en outre, ont lieu parfois cinq jours après que la commande a été câblée, et il est une raffinerie de Marseille, qui, pour forcer ses produits sur la place, fait de grandes concessions sur les prix. Cela n'empêche que les sucres belges ne fassent d'énormes progrès dans l'intérieur du pays, et tout permet de croire qu'ils surmonteront finalement la concurrence française.

Parmi nos exportations qui prospèrent, il faut citer encore les briques et tuiles, la faïence et la porcelaine, le thé. Pour quelques articles nous luttons avec succès contre l'Angleterre : il paraît devoir en être ainsi pour les bougies, qui venaient jusqu'ici exclusivement de la Grande-Bretagne. Quelques envois de bougies de paraffine belges, faits en 1897, ont parfaitement réussi. Nos draps sont arrêtés par la concurrence allemande : ils sont de bonne qualité, il est vrai, et les gens des classes aisées reconnaissent volontiers leur supériorité, mais la classe pauvre achète la camelote allemande. Il faudrait que nos fabricants se résignassent à envoyer aussi des draps à bon marché : nos agents recommandent les tissus de laine gommés et lustrés. Nos fers marchands, qui étaient très prisés il y a quelques années, ont subi une forte diminution. Les envois de café sont relativement faibles : le marché d'Anvers, dont la réputation est universelle, pourrait facilement en envoyer davantage. Nos expéditions de potasse caustique sont sérieuses. Pour les allumettes, nous arriverons un jour à supplanter l'Italie.

Le rapport de légation pour 1896 contient une spécification générale de nos exportations au Maroc qu'il est bon de reproduire ici :

	Unité	Quantité	Valeur en frs
Acier	caisses	300	7.400
Allumettes	id.	10	2.100
Café	tonnes	8	15.200
Ciment	barils	69	1.225
Cotonnades	balle	1	625
Draps	id.	25	80.000
Divers	—		2.450
Faïence	colis	77	8.700
Farine	id.	32	325
Fer	tonnes	530	80.900
Madriers	douzaines	30	1.000
Papiers	colis	76	9.500
Potasse caustique	tonnes	45	30.350
Quincaillerie et clous	colis	96	15.200
Sucre en pains	tonnes	5.011	2.263.500
Thé	caisses	16	1.600
Verrerie et verres à vitres	id.	447	18.500
	Total (pour 1896) fr.		2.538.775

Il nous suffira maintenant de considérer l'ensemble de nos exportations au Maroc, par totaux annuels, depuis une demi-douzaine d'années, pour nous rendre compte de leur progression rapide. Ici encore il est impossible de tenir compte d'une partie des marchandises belges qui arrivent au Maroc sous pavillon allemand : nous n'en faisons mention que pour mémoire.

En 1892, notre chiffre d'exportations était de

1.601.830 fr. ; l'année suivante, il était de 2.057.790 fr. La période de troubles qui suivit la mort de Mouley-Hassan le fit retomber, en 1894, à 1,977.065 fr. En 1895, nos exportations remontaient à 2.165.980 fr. ; en 1896, elles étaient à 2.538.775 fr. L'année 1897 a été mauvaise et le commerce total du Maroc a subi une diminution de plus de 4 millions : néanmoins, grâce aux exportations de sucre, en pleine prospérité, les Belges ont surmonté la crise et, au lieu de diminuer, leurs exportations ont augmenté de 700.423 fr. et atteignaient ainsi le chiffre de 3.239.198 fr., tandis que celles de l'Allemagne perdaient 596.600 fr., celles de la France 1.468.680 fr. et celles de l'Angleterre 2.617.835 fr.

En six ans, malgré la crise générale et permanente traversée par ce pays, les exportations de la Belgique au Maroc ont donc plus que doublé.

CHAPITRE X

COMPARAISONS ET CONCLUSIONS

La situation commerciale des nations d'Europe sur le marché marocain ressort du tableau suivant, qui indique le chiffre de leurs exportations vers ce pays, année par année depuis 1892.

PAYS	ANNÉES					
	1892	1893	1894	1895	1896	1897
s Britanniques	23.529.000	23.400.475	22.275.315	23.358.552	19.638.765	17.020.930
rance	12.877.465	13.043.540	12.685.550	11.713.280	9.050.750	7.582.070
llemagne	2.845.400	3.904.480	3.649.070	2.682.375	3.117.705	2.521.105
elgique	1.601.830	2.057.790	1.977.065	2.165.980	2.538.775	3.239.198
spagne	353.825	595.475	526.320	464.790	280.900	291.481
ollande	255.000	33.400	93.675	166.525	98.500	68.625
uède	221.850	234.050	77.150	200.750	299.825	59.500
talie	50.500	44.540	71.640	10.720	57.025	49.425
tats-Unis	2.000	—	—	—	—	—
ortugal	—	2.725	6.225	9.100	2.150	—
Totaux	41.736.870	43.316.475	41.362.010	40.772.072	35.084.395	30.832.334

Les totaux des envois de ces dix pays représentent, les importations totales du Maroc.

Il en résulte que le pouvoir d'absorption, le *purchasing power* de ce pays a baissé en dix ans de 10 millions 904.536 fr., soit environ 26 1/2 p. c.

La situation des pays exportateurs, pendant ces dix ans, s'est modifiée comme suit :

Iles britanniques.	Diminution	6.508.070 fr.	=	28 p. c.
France	»	5.295.395 »	=	41 »
Allemagne	»	324.295 »	=	11 »
Espagne	»	62.344 »	=	18 »
Hollande	»	186.375 »	=	73 »
Suède	»	162.350 »	=	73 »
Italie	»	1.075 »	=	2 »
États-Unis	»	2.000 »	=	100 »
		12.541.904		

La perte sur les importations totales marocaines n'est que de 10.904.536 fr. Il y a donc un pays qui, à lui tout seul, a bénéficié de la différence, 1.637.368 fr., et se trouve en progrès de cette somme quand tous les autres sont en décadence. Ce pays, c'est la Belgique.

Belgique : *Augmentation* 1.637.368 fr. = 102 p. c.

Nous n'avons pas besoin d'insister autrement sur la position exceptionnelle prise par le commerce belge au Maroc.

Sans doute, ces 3.239.198 fr., d'exportations sont fort peu de chose encore, si on les compare aux exportations que la Belgique dirige vers la plupart des nations du monde, dont la culture et le développement sont plus avancés. Mais tout est relatif. Nous n'avons point l'intention de faire passer le marché marocain pour un des éléments actuels, essentiels, de la prospérité de nos exportations générales. Mais nous croyons avoir démontré deux choses : la première, que le Maroc est destiné à devenir, dans un avenir plus ou moins éloigné, un des marchés les plus importants et les plus riches de l'ancien monde ; la seconde, que la Belgique est en voie d'y conquérir une suprématie commerciale absolue et qu'il est utile, par conséquent, qu'elle avise aux moyens de se maintenir dans cette voie.

Notons, du reste, que si l'on donne à l'État Indépendant du Congo une population de vingt-sept à trente millions d'habitants, nos exportations sur le marché maugrébin étaient, à proportions égales, aussi importantes, en l'année 1895, que celles que nous dirigions sur le marché congolais. Or, il y a actuellement peu de gens en Belgique qui ne considèrent le pouvoir d'absorption de l'État du Congo comme un des éléments dominants de notre prospérité industrielle future.

Nous avons cité plus haut une phrase d'un de nos agents consulaires, qui regrettait que les Belges donnassent si peu d'attention à un débouché ouvert tout près d'eux tandis qu'ils allaient chercher avec tant de peines, et en y mettant une si belle ténacité, des acheteurs en Extrême-Orient. Il est un fait que si nous faisons une comparaison entre le Maroc et la

Chine, en appliquant la même règle proportionnelle, le rôle du commerce belge dans cet immense pays, vers lequel notre gouvernement et notre haut commerce ont actuellement les yeux tournés, nous apparaîtrait singulièrement rapetissé. Là-bas, dans l'Empire jaune, que se partageront dans peu de temps les plus entreprenantes des grandes nations économiques, nous ne jouerons jamais qu'un quatrième ou cinquième rôle. Dans le coin nord-est de l'Afrique, nous sommes, au contraire, en passe de jouer bientôt le premier. A vrai dire, il faut, au point de vue du commerce extérieur, diviser les pays neufs en deux catégories. Ceux qui, étant très peuplés et très étendus, véritables réservoirs d'acheteurs, nous offriront un jour un chiffre d'affaires considérable à réaliser, quelque réduit que soit ce chiffre en comparaison de ceux que réaliseront d'autres puissances, et quelque faible que soit notre influence politique et économique en comparaison de celle de nos grands concurrents. Les pays ensuite qui, offrant au commerce un débouché plus restreint, ont des besoins tellement conformes à la nature générale de notre production industrielle que nos débuts y sont faciles, rapides, et que nous sommes assurés de pouvoir un jour nous y adjuger la part du lion. La Chine appartient à la première catégorie ; le Congo et le Maroc à la seconde.

Ce n'est pas la pénétration lente de notre commerce dans le bassin du Congo qui a été cause que la situation politique de ce pays a été modifiée. Au contraire, notre grande dépendance économique est un fait artificiel, voulu. Les Belges y ont pénétré d'abord, sous l'impulsion de leur Roi, dans un but de science et d'humanité. Le Congo commercial est sorti tout apprêté du cerveau de Léopold II, comme Minerve sortit, tout armée, du cerveau de Jupiter. La conquête est venue d'abord ; le commerce ensuite. Personne, en définitive, ne nous forçait à nous mêler de ce qui se passait dans l'Afrique centrale, où nos intérêts, il y a un quart de siècle, étaient zéro.

La question marocaine se présente autrement. Ici nos intérêts commerciaux existent ; ils ont précédé la conquête, — conquête qui se fera un jour ou l'autre, mais peut-être pas à notre profit. Admettons cependant l'hypothèse d'un établissement politique des Belges au Maroc. Ce ne serait plus là une fondation purement artificielle. Ce serait la conclusion même du développement de notre commerce dans ce pays. Et ce développement, on l'a vu, ne tient même pas à la volonté raisonnée, tenace, de nos négociants. Leurs sucres, leurs fers, leurs draps, leurs ciments, ont pris tout naturellement le chemin du Maroc, parce qu'il se faisait qu'on les y demandait. Et si l'on réfléchit que ces produits d'exportation eux-mêmes tiennent à la nature constitutive ou géographique de notre sol, aux causes historiques de notre développement industriel, force sera de constater que ce n'est ni un roi, ni un explorateur, ni un congrès qui poussent les Belges vers le Maroc, mais tout bonnement dame Nature elle-même.

Malheureusement pour nous, le commerce ne chemine pas toujours par sa voie naturelle. Parfois les obstacles accumulés sur sa route par une diplomatie ennemie l'arrêtent dans sa course et rebutent tous ses efforts. Parfois aussi les exportations d'une nation guerrière, ne trouvant point de voie naturelle pour entrer dans un pays, y pénètrent par une brèche ouverte à coups de canon. Il en est ainsi au Maroc. Ce sont les représentants politiques des pays dont l'avenir commercial dans ce pays est le plus gravement compromis, dont les exportations déclinent par la force des choses, qui s'agitent le plus fort et se dépensent le plus en menées coercitives. L'Espagne, qui figure en queue des statistiques, a été la plus belliqueuse : dans ce demi-siècle elle a deux fois fait la guerre au Maroc, sans compter les nombreux coups de fusil échangés à titre officieux entre les indigènes de la côte et les sentinelles de ses presidios. La France, dont les exportations sont en baisse continue, a laissé aux chérifs de Fez le souvenir sanglant de l'Isly, et les vieillards de Tanger et de Mogador ont gardé dans les oreilles le fracas de ses bombardements. L'Angleterre, dont la décadence commerciale dans le pays est frappante, a failli faire massacrer à Fez son envoyé sir Euan Smith, lequel pécha par excès d'énergie. Les Allemands et les Italiens, dont les exportations diminuent le moins, ont déployé le moindre appareil coercitif, ce qui n'empêche que les premiers aient à leur actif le débarquement de Tres Forcas et que les seconds n'hésitent pas à braquer leurs canons sur Tanger, comme ce fut le cas encore à la fin de l'an passé.

Est-il besoin de répéter que les Belges, étant les plus prospères, n'ont jamais, pour leur part, recouru à aucun moyen de ce genre pour garantir leur position?

Nous ne montrons évidemment cette gradation dans la coercition qu'à titre de singularité. Il est facile de se rendre compte que les conflits du Maroc avec la France et l'Espagne sont nés de son voisinage avec ces deux nations; et que si d'autres puissances ont menacé le Sultan, c'était le plus souvent à la suite d'un contact malheureux de leurs nationaux résidant dans le pays avec les autorités indigènes. Loin de nous, du reste, la pensée d'approuver une politique qui consiste à mettre à tout propos, souvent pour des riens, l'escopette au poing. Théoriquement et pratiquement, du reste, les Belges seraient incapables de la pratiquer.

Là n'est pas le mal. Certes, il arrive souvent que le Sultan, terrorisé, cède au pays qui le menace quelque privilège matériel ou moral, libération d'un prisonnier ou concession d'une entreprise quelconque. En définitive, cette politique ne profite guère à ceux qui la pratiquent, puisqu'au point de vue des entreprises intérieures, toutes les nations intéressées au Maroc se trouvent à peu près sur la même ligne, c'est-à-dire qu'aucune d'elles ne fait rien de sérieux. Des Belges qui obtiendraient un avantage par un pareil moyen en profiteraient-ils? Nous n'en croyons rien. L'inertie malveillante des Maures est le tampon contre lequel viennent se briser les plus beaux enthousiasmes. Cependant nous avons cru remarquer, chez nos agents consulaires au Maroc, une sorte de regret de voir la Belgique dépouillée de tout appareil coercitif suffisant pour intimider, le cas échéant, le Mahkzen. M. Anspach, dans une interview qu'il a bien voulu nous accorder, nous a montré en peu de mots que la politique formulée plus haut par M. Edm. Picard d'après M. Whetnall, n'a aucune chance d'aboutir. Accorder quelque chose à la Belgique, sous prétexte qu'elle est une nation pacifique de laquelle il ne faut rien craindre, lui donner un chemin de fer à construire, lui confier même le relèvement matériel de la nation pour mieux faire tête aux puissances, cela peut être bon sans doute, mais pas dans le cas présent. D'abord le Maroc n'a besoin de rien, sinon d'être laissé tranquille. Ensuite, s'il arrivait au Makhzen d'accorder quelque chose aux Belges, les autres nations seraient là aussitôt pour en réclamer autant. Avec ce système de compensations sans fin, on irait vite. Que répondre à un pareil raisonnement, dont l'exemple actuel de la Chine ne démontre que trop le bien fondé ? Il s'ensuit que le Maroc préfère se replier dans une intransigeance farouche. A toutes les demandes, d'où qu'elles viennent, qu'elles soient décisives ou bénignes, il commence par répondre par un refus. Il ne cède que si l'on amène du canon, c'est-à-dire quand il ne peut plus faire autrement. Aussi l'artillerie est-elle devenue l'argument le plus habituel des diplomates de Tanger. En Europe, une démonstration militaire suffirait pour provoquer la guerre entre deux nations jalouses de leur honneur ; mais dans ce coin de l'Afrique, c'est la chose la plus ordinaire du monde. Embosser un croiseur devant une ville, là-bas, se fait aussi facilement qu'ici remettre une feuille de mémorandum. Ce n'est plus qu'une formalité. Pour un *oui*, pour un *non*, le navire démasque ses sabords : le ministre des Affaires étrangères regarde, constate, en réfère au maître et se soumet. Les rapports diplomatiques ne sont pas interrompus et continuent comme si de rien n'était. « Ah ! si la Belgique avait une flotte ! » nous a dit, entre deux soupirs, un agent consulaire. L'exclamation répond, sans doute, à la pensée secrète de nombre de nos lecteurs : c'est pourquoi nous la reproduisons ici. Eh bien ! non, nous n'avons pas besoin de flotte, ni là ni ailleurs. Nous en aurions une, que notre situation serait la même, car derrière la canonnière ou le croiseur que nous pourrions faire apparaître, il n'y aurait rien. Le bombardement est insuffisant : tant que ce ne sont pas les maisons du Sultan qui brûlent, cela lui est égal. Disposerions-nous du corps de débarquement nécessaire pour nous emparer, le cas échéant, d'une ville entière et saisir les douanes ? Aurions-nous, en Belgique, des troupes prêtes à soutenir une guerre coloniale comme celle de 1857 ? Non. Alors, à quoi bon ? Il se trouvera toujours parmi les diplomates étrangers quelques bons amis pour prévenir le Sultan de la faiblesse cachée de son adversaire. Il y a quelques années, une barque hollandaise fut attaquée par des pirates. Le gouvernement des Pays-Bas n'envoya point sur les lieux un de ses navires : il confia ses intérêts à l'Allemagne, qui lui fit donner satisfaction. Si un conflit armé s'était produit à cette occasion, c'est à l'Allemagne que le Maroc aurait eu affaire ; il ne refusa pas à cette grande puissance une satisfaction qu'il aurait — tout au moins — marchandée aux Pays-Bas. Nous pourrions, dans un cas semblable, agir de la même façon. Ne regrettons donc pas de ne pas posséder une flotte, et tenons pour mal fondé l'argument de ceux de ses partisans qui y voient un moyen de fortifier notre position commerciale dans les pays neufs.

Le danger est dans l'avenir.

Nous avons dit plus haut notre opinion sur le *statu quo* marocain. C'est une conception diplomatique qui convient, pour des motifs stratégiques, aux puissances intéressées. Il en est, comme l'Allemagne ou l'Italie, pour lesquelles la possession de Tanger serait utile, mais qui n'ont pas de chances d'arriver à cette possession et trouvent au fond, pour employer une expression un peu triviale, que le jeu n'en vaut pas la chandelle. Il y a l'Angleterre aussi, à qui Gibraltar suffit, qui ne saurait que faire elle-même de Tanger, mais qui possède un intérêt direct à ce que cette place ne tombe pas aux mains d'une nation rivale, laquelle pourrait en faire un second Gibraltar. L'intérêt commun des puissances, à ce point de vue, est donc de respecter l'intégrité du Maroc ; mais leur défaut d'intervention dans l'administration du pays n'est malheureusement pas de nature à y développer leur commerce.

Ce *statu quo* est-il éternel ? Il ne saurait l'être. Un jour ou l'autre éclatera entre le Makhzen et une nation d'Europe un conflit grave auquel elle se croira obligée de donner des suites. Le régime des étrangers au Maroc ; les conventions commerciales ; la compétence consulaire ; les révoltes de tribus, qui compromettent souvent les établissements européens ; quelque tour un peu vif joué par les pirates du Riff ; une nouvelle attaque contre un préside espagnol ; un incident sur la frontière d'Algérie ; la question du Touat ; une nouvelle flibusterie semblable à celle du *Tourmaline*, autant d'affaires qui peuvent contenir en germe un conflit décisif, autant d'étincelles qui peuvent mettre le feu aux poudres.

Or, le *statu quo* compromis au profit d'une nation provoquerait immédiatement l'intervention des autres. La situation, dans ce cas, apparaîtra d'abord comme inextricable. Il dépendra de la sagesse des diplomates qu'on recoure à la politique de la « porte ouverte » ou à celle des « zones d'influence ». Peut-être à ce régime chinois préférera-t-on l'installation d'un Haut-Commissaire des puissances, comme en Crète, ou d'un *condominium* comme aux îles Samoa. Peut-être encore le Maroc sera-t-il partagé sans autres formes de procès, comme un simple sultanat barbare des bords du

Tchad. Nous n'en savons rien. Mais une chose au moins est certaine, c'est qu'en pareil cas il sera tenu compte de la qualité et de la puissance des intéressés, des droits politiques antérieurement acquis par eux sur le pays ; mais il ne sera nullement tenu compte d'un petit pays comme la Belgique, s'il ne se réclame que d'une statistique commerciale et ne peut verser aux débats quelque beau parchemin scellé.

Que ce conflit et ce partage surviennent dans cinq ou dix ans d'ici, et — à moins d'un traitement commercial égal pour toutes les nations dans la zone conquise, chose que rien ne permet d'espérer — notre commerce au Maroc sera tué dans l'œuf ; tout espoir de suprématie sur un marché si riche et si rapproché de notre pays nous échappera définitivement.

Des considérations qui précèdent, se dégage assez nettement ce que nous pouvons appeler une conception idéale de notre avenir commercial et politique dans le nord-est de l'Afrique. Ce serait la constitution d'un État indépendant calqué sur l'État du Congo, état neutre, pacifique, administré par des Belges avec le concours d'officiers étrangers, et offrant, dans toute l'étendue de ses territoires, un traitement commercial égal pour toutes les nations.

Cette organisation répond, en effet, à toutes les exigences d'une situation qui, un jour, deviendra un grand embarras et même un grand danger pour la paix de l'Europe. La neutralisation de Tanger sous la garantie des Belges fait du *statu quo* actuel un règlement définitif, avantageux pour toutes les nations. L'établissement d'un régime commercial égalitaire, comme celui qui existe dans le bassin du Congo, donne satisfaction à tous les commerçants intéressés au Moghreb, en respectant les situations acquises et en ouvrant largement le champ aux entreprises européennes, sans distinction de nationalités. L'Europe n'a jamais eu à se plaindre de la façon dont les Belges s'acquittaient en Afrique centrale des obligations qui leur sont imposées par l'Acte de Berlin. Les facilités commerciales sont égales pour tous ; la guerre douanière est faite à l'alcool seul, et elle est faite avec un esprit de décision qui plaide en faveur des fonctionnaires de l'État. La répression de la traite des esclaves s'est faite avec promptitude et vigueur. Or, comme nous l'avons dit, la traite des noirs a lieu encore au Maroc où arrivent de nombreuses caravanes de bois d'ébène, razziées dans le sud, et où se tiennent encore des marchés de chair humaine. L'ouverture industrielle de ce pays, fermé jusqu'ici, serait assurée sans délai par l'application de notre législation congolaise relative aux concessions minières et agricoles. Quant à la sécurité, elle renaîtrait d'elle-même à la suite d'une redistribution équitable de l'impôt. Certes, on se heurterait à des résistances dans cette œuvre d'unification : on ne pourrait ouvrir le pays aux Européens que district par district, comme le font les Français à Madagascar. Le mépris du Roumi, plus encore que le goût de l'indépendance, susciterait aux colonisateurs l'inimitié de certaines tribus; mais précisément la rivalité existante entre les tribus permet de lever parmi les indigènes une force armée suffisante pour faire face aux événements. La tolérance la plus absolue vis-à-vis des croyances du pays est un antidote puissant contre la haine religieuse. L'exemple de l'Algérie, dont les indigènes combattirent avec les Français en 1870, et plus encore l'exemple de la Tunisie, qui se laisse gouverner si facilement, le prouvent suffisamment.

Nous croyons inutile d'insister davantage sur ce point. Dans un travail destiné surtout à enregistrer des faits, il vaut mieux se borner à montrer, par l'enchaînement des conséquences, la plausibilité d'une hypothèse et laisser ensuite au lecteur le soin d'en tirer toutes les déductions que son bon sens lui suggérera. Il est bon, du reste, que l'exemple de l'œuvre belge dans l'Afrique centrale soit là pour étayer notre thèse. A nos compatriotes le Congo a appris à avoir confiance en eux-mêmes, en leur montrant que les Belges, pour la première fois sortis de chez eux, ne se montraient cependant pas inférieurs aux étrangers dans la grande besogne d'une colonie à organiser. Aux étrangers, le Congo a montré que les puissances pouvaient se fier à nos compatriotes pour la mise en valeur rapide d'un débouché économique et qu'ils savaient s'y prendre sans froisser ni les visées politiques, ni les intérêts commerciaux de personne. Double et réciproque constatation, qui vient à l'appui de nos nouveaux projets d'expansion, et notamment du projet que nous formulons ici.

Notre point de départ ainsi fixé par les faits, notre point d'arrivée ainsi défini dans une hypothèse, force nous est de constater que le chaînon intermédiaire nous fait défaut. Comment, en effet, faire valoir des droits belges à l'occasion du futur conflit ; où les prendre, comment les créer ?

L'Espagne, qui a des enclaves au Maroc ; la France, qui a des prétentions historiques sur certaines possessions du Sultan, se feront écouter dans le concert des liquidateurs ; l'Angleterre et l'Allemagne qui, à défaut d'enclaves et de possessions, ont des prétentions basées sur leur action diplomatique passée et surtout sur leur force, diront certainement leur mot. Nous autres, Belges, nous n'avons pas eu d'action diplomatique sérieuse, parce que nous n'avons pas la force ; nous n'avons pas de droits historiques, parce que nous n'avons ni enclaves, ni possessions au Maroc et que nous n'avons même jamais failli en avoir. Or, il est bien certain qu'au jour de la liquidation, les puissances n'iront pas chercher les Belges chez eux pour les prier d'avoir l'extrême obligeance de mettre la main sur le pays ; il faudrait que les Belges fussent là.

La force, nous ne l'aurons jamais ; mais nous pouvons nous créer un droit, en achetant le droit d'un autre, en acquérant une enclave. Le seul pays qui paraisse actuellement disposé à se défaire de ses colonies, ou plutôt de simples fragments de colonies qui lui sont devenus inutiles, c'est l'Espagne. On lui a pris Cuba, Puerto-Rico, les Philippines et Guam ; elle a vendu les autres îles Mariannes, les Carolines et les Palaos. Il lui reste ses possessions d'Afrique ; l'îlot d'Annabon, situé en pleine mer, près de l'équateur, à la hauteur de l'embouchure de l'Ogoue ; la baie de Corisco, au nord du Congo français, avec sa dépendance du cap San Juan et l'îlot d'Elobey ; l'île de Fernando-Po, sur la côte du Kamerun ; le Rio de Oro, bande côtière qui s'étend du cap Blanco au cap Noun ; le port d'Ifni, près du cap Noun ; les présides de Ceuta, du Peñon de Velez, des îles Alhucemas, de Melilla et des îles Zaffarines, sur la côte méditerranéenne du Maroc. Ces territoires n'ont pas cent cinquante mille habitants en tout.

On a prétendu à diverses reprises (la nouvelle avait été lancée par des correspondants bruxellois de journaux anglais) que la Belgique allait acheter les îles Canaries. C'était une absurdité. D'abord ces îles, pour lesquelles on fixait un prix ridiculement bas, sont précieuses à l'Espagne ; en second lieu, ce ne sont pas des colonies, mais une province du royaume, qu'il faudrait démembrer pour les en détacher. La cession de ses colonies du Pacifique ne doit, du reste, pas faire croire au public que l'Espagne a l'intention de brocanter les unes après les autres toutes ses possessions. Le gouvernement de Madrid a protesté avec beaucoup de dignité contre une pareille interprétation de ses actes. Il peut se défaire des territoires qui ne sont plus d'aucune utilité directe au pays ; mais il ne vendra pas, par exemple, ses présides marocains, qui lui assurent toujours une voix délibérative dans la question du Moghreb. La position de Ceuta, notamment, permet à l'Espagne de menacer directement Tetuan et Tanger.

Mais avec la meilleure volonté du monde il est impossible de se faire des illusions quant à la valeur que présentent pour l'Espagne Annabon, la baie de Corisco et même Fernando-Po. Il n'est pas impossible qu'elle s'en défasse. La colonie du Rio de Oro couvre une superficie considérable : malheureusement, elle manque d'*hinterland* et confine au désert. Pour l'Adrar, qui se trouve au sud de cette possession, l'Espagne est en conflit avec la France, qui voudrait faire rentrer cette vaste oasis dans son gouvernement du Sénégal. Le Sultan de l'Adrar, qui réside à Chingeti, a reçu en 1892 un émissaire du gouverneur du Sénégal, et reconnu le protectorat français. L'Espagne ne tire nul parti des huit cents kilomètres de littoral dont elle dispose entre le Maroc et le Sénégal. Le Rio de Oro est rattaché administrativement aux Canaries, dont il forme une dépendance coloniale. Un sous-gouverneur réside sur les bords de la baie qui porte ce nom, à Villa Cisneros. L'inactivité des Espagnols ne prouve cependant pas que ce territoire manque de valeur. Un comité vient de se former en Autriche pour l'exploitation commerciale de ce district et du sultanat d'Adrar. Le ministre autrichien du commerce aurait promis son appui à cette entreprise. Le *Fremdenblatt*, de Vienne, commentant cette nouvelle, a fait remarquer que le climat très sain du Rio de Oro permettrait de cultiver les fruits et les céréales du midi de l'Europe. Le comité autrichien se donnerait aussi comme objectif de détourner vers l'Atlantique les caravanes de Tombouctou (1). Ce but a été celui de la plupart des entreprises commerciales qui ont tenté la fortune dans le sud du Maroc. Il n'est pas impraticable, car deux grandes routes de caravanes relient la métropole soudanaise au sud du Moghreb, et un embranchement se dirige vers le cap Juby, où sont établis des commerçants anglais.

Les Autrichiens établis au Rio de Oro dans un but d'exploitation, reste le port d'Ifni.

Ifni est censé être Santa-Cruz de Mar Pequeña. En 1476, Herrera se dirigea vers l'Afrique à la tête d'une escadre et construisit sur la côte maugrébine une forteresse de ce nom, que de nombreuses communications relièrent aussitôt aux îles Canaries. Mais les Maures attaquèrent Santa-Cruz, qui resta sans secours et fut prise en 1524. Après la guerre de 1860, les Espagnols firent ajouter au traité de paix un article qui leur cédait, à proximité de Santa-Cruz de Mar Pequeña, un établissement suffisant pour y créer un établissement de pêcheries semblable à celui qu'ils y avaient possédé autrefois.

(1) *Mouvement géographique*, 18 juin 1899.

Les Espagnols aussi bien que les Marocains ignoraient l'emplacement réel de ce havre oublié. Les Arabes, qui comprenaient bien le danger d'une stipulation aussi mal définie, offrirent vainement aux Espagnols, en échange de leur Santa-Cruz, trois millions de piastres ou la baie de Aguas, en face des îles Zaffarines. Les géographes n'avaient pu se mettre d'accord sur l'emplacement de Santa-Cruz ; l'état-major du *Blasco de Garay*, envoyé en reconnaissance par le gouvernement espagnol, se montra moins hésitant et s'adjugea la crique d'Ifni, placée devant la bourgade de ce nom, laquelle se trouve sur une hauteur, à une trentaine de kilomètres au nord-est de l'embouchure de l'oued Noun. Ce petit port, d'après les pêcheurs des Canaries, aurait porté autrefois le nom de Santa-Cruz de Berberia, lequel, il est vrai, s'étendait à toute la région avoisinante. Le *Blasco de Garay* procéda par analogie : la crique d'Ifni était du reste très favorable, ce qui paraît avoir emporté la conviction des Espagnols. Les Maures firent beaucoup de façons pour reconnaître l'occupation d'Ifni, et ce ne fut qu'en 1883 qu'ils ratifièrent le choix de l'Espagne.

En réalité, la question de Santa-Cruz est encore toujours ouverte et les recherches n'ont pas cessé. Elle semble devoir prendre dans la géographie la place qu'occupe dans la géométrie l'intéressant problème de la quadrature du cercle. Renou désigne sous le nom de Santa-Cruz de Mar Pequeña le havre de Puerto-Cansado, à quatre-vingts kilomètres environ à l'est du cap Juby; Coello donne ce nom à l'embouchure ensablée de l'oued Draa ; Galiano, dans un *Memoria sobre la situacion de Santa-Cruz de Mar Pequeña*, se prononce pour un endroit nommé Bocca Grande, près de l'entrée de l'oued Chibika, à moitié chemin environ entre Puerto-Cansado et l'oued Draa (1). Ajoutons que l'atlas manuel d'Andrée adopte la version de Renou et assimile à Santa-Cruz le havre de Puerto-Cansado.

Cette question présente du reste, au point de vue où nous nous sommes placé, très peu d'intérêt. Les Espagnols ont pris Ifni et l'ont appelé officiellement Santa-Cruz de Mar Pequeña : nous lui garderons ce nom.

L'obstination que les vainqueurs de 1857 ont mise à reconquérir cette possession oubliée pourrait nous faire croire qu'ils se sont appliqués corps et âme à la mettre en valeur. Il n'en est rien. Et cependant Santa-Cruz est loin d'être sans valeur intrinsèque. Reclus écrit à son sujet : « Le havre d'Ifni a ce grand avantage qu'il n'est pas éloigné du marché d'Ogoulmin, et que des voies de communication peuvent le mettre facilement en rapport avec les riches campagnes de l'oued el-Ghas et l'oued Sous : en outre, s'il a été choisi avec une arrière-pensée de conquête, il est de tous les emplacements discutés celui qui est le plus au nord, et par conséquent le plus rapproché des

(1) Elisée Reclus, *L'Afrique septentrionale*, II.

frontières du Maroc. » Le géographe français ne fait pas rentrer cette région dans l'Empire, parce que l'autorité du Sultan n'y est pas virtuellement établie ; mais, comme nous l'avons vu au début de cette étude, la frontière nominale va bien au-delà, jusqu'au cap Juby. Santa-Cruz est, par conséquent, au cœur de la région maritime méridionale du Maroc.

Ce petit port paraît donc avoir été choisi surtout dans un but stratégique. A ce titre, cependant, il fait double emploi avec les présides du nord, et il est permis de penser que les Espagnols s'en déferaient sans difficultés ni regrets. Le point le plus favorable à l'établissement des Belges, à nos yeux, est là. Il remplit le double but de leur donner, éventuellement, la possibilité et le droit de s'étendre sur une partie du Moghreb et, par conséquent, de balancer les prétentions des autres nations intéressées ; et d'offrir au commerce un établissement fructueux. Le versant méridional de l'Anti-Atlas et les campagnes du Sous sont, en effet, une des régions les plus fertiles du Maroc et il suffirait, pour couvrir les frais de premier établissement d'une compagnie, de détourner vers le Santa-Cruz de Mar Pequeña une partie du trafic considérable qui prend actuellement le chemin de Mogador. M. Anspach, dans un rapport que nous avons cité, parlait d'une escale des navires de la Compagnie belge maritime du Congo dans un des ports atlantiques du Maroc. Il serait plus simple, nous semble-t-il, de commencer par établir une ligne de petits navires s'embranchant à Las Palmas sur la ligne du Congo et desservant le cap Juby, Santa-Cruz de Mar Pequeña et au retour une autre Canarie, Lanzarote ou Fuertaventura. Les marchandises venant d'Anvers ou à destination de ce port seraient transbordées à Las Palmas. Quant aux passagers, ils auraient le choix entre les navires de la Compagnie belge maritime du Congo et la voie anglaise, l'*Union Line* du Cap mettant Southampton à six jours des Canaries : l'établissement belge du Maroc se trouverait ainsi à huit ou dix jours d'Anvers.

La superficie totale de la petite colonie de Santa-Cruz est de 7020 hectares. Il nous paraît inutile, pour un pareil lopin de terre, de procéder avec fracas, d'opérer une annexion dans les règles et de hisser le drapeau belge en l'appuyant de cent et onze coups de canon. Toutes les semaines il se fonde à Anvers une compagnie coloniale pour l'exploitation d'une concession de dix mille hectares : du train dont vont les choses, cet événement est devenu banal à force de se répéter. Les Anversois sont intéressés au Congo, au Bahr-el-Ghazal, au Kamerun, en Abyssinie ; personne, assurément, ne s'effaroucherait de leur voir mettre le pied sur le rivage marocain. Au début, le pavillon jaune et rouge de l'Espagne couvrirait les opérations commerciales de la compagnie ; puis, à mesure qu'elles s'étendraient dans l'arrière-pays, parmi les peuplades mal soumises au Sultan, il lui faudrait une liberté plus grande, le droit notamment de lever une petite garnison parmi les six mille habitants de Santa-Cruz. Le moment serait venu alors pour la Belgique d'exploiter cette méthode des compagnies à charte dont l'Angleterre a su tirer de si grands bénéfices matériels et moraux. Pourvue d'une charte, la compagnie serait à même de reprendre à l'Espagne les charges de la souveraineté et de faire flotter un pavillon nouveau dans cette partie de l'Afrique. Plus tard, quand par la force des choses le champ de l'intervention européenne se sera étendu au Maroc, il pourra être question d'une notable extension de souveraineté, d'une reprise, ou d'une transformation pareille à la métamorphose de l'Association Internationale du Congo en État Indépendant. La Compagnie Royale du Niger (1), qui vient d'être reprise par l'Angleterre et lui a donné un empire immense, d'une population de vingt à trente-cinq millions d'âmes, a commencé en 1879 sous la forme d'une modeste compagnie commerciale, sans droits souverains aucuns, avec un capital relativement médiocre de cent vingt-cinq mille livres sterling : elle s'appelait l'*United African Company ;* elle devint deux ans après la *National African Company*, obtint sa charte en 1886, se transforma derechef en *Royal Niger Company* et, treize ans après, elle cédait ses droits à l'Angleterre pour la somme de 21.625.000 francs, plus la moitié de toutes les taxes à percevoir pendant 99 ans sur les exploitations minières de la Nigeria. Sans elle, les

(1) Voir l'intéressant ouvrage de M. EDMOND CARTON DE WIART, *Les grandes Compagnies coloniales anglaises du XIXe siècle.*

Français et les Allemands eussent pris pour eux le Soudan occidental tout entier ; grâce à elle, le drapeau britannique flotte sur les bords du Tchad. De pareils exemples sont décisifs.

Nous ne voulons pas, en approfondissant une « affaire », dépasser les limites et dénaturer le caractère d'une thèse académique. Ce projet d'un établissement belge au Maroc, dans la forme même où nous l'avons présenté, nous a paru se dégager clairement de la logique des choses et de l'enchaînement des faits. Une ère nouvelle, celle de la *Greater Belgium*, paraît s'être ouverte à la suite du succès de l'œuvre congolaise ; la politique d'expansion est désormais inscrite en permanence à l'ordre du jour de nos préoccupations nationales et chacun s'évertue, qui, dans la sphère paisible des théories, qui, dans le monde enfiévré de la pratique, à apporter sa pierre à l'édifice de notre développement extérieur. Si les maçons et les entrepreneurs sont nombreux, les architectes nous font défaut. Qui pourra dire, d'après un plan certain, quelle forme géographique aura prise notre expansion au milieu du xxe siècle ? Le hasard joue un grand rôle dans cette distribution hâtive de notre activité extérieure : une volonté unique et forte la fixe sur tel point ; un engouement soudain, fait d'articles de journaux ou de télégrammes politiques, l'attire sur tel autre ; une irrésistible *fata morgana* s'élève soudain sur une contrée à laquelle personne ne songeait la veille et vers laquelle tout le monde se précipite. Le débordement de l'Europe sur les autres parties du monde est, malgré de médiocres antécédents, un fait contemporain. La science n'a pas encore tracé de sillon net et profond qui doit diriger vers tels points du globe les exportations d'un pays, suivant la nature fondamentale de sa productivité. Il est peut-être bon, dans ces conditions, d'attirer parfois l'attention du public sur quelque débouché oublié, sur lequel le hasard des lectures et des pérégrinations n'a réuni l'intérêt que d'un petit nombre de personnes. Ce n'est qu'une idée jetée dans le flot des idées, mais elle peut — qui sait ? — rencontrer le courant favorable qui la mènera à sa réalisation. Notre ambition ne va pas au-delà de ce hasard.

Anvers, 1898-1899

APPENDICE

Traité d'amitié, de commerce et de navigation entre la Belgique et le Maroc

Au nom de Dieu,

Il n'y a de force et de puissance qu'en Dieu,

Sa Majesté le Roi des Belges, d'une part, et Sa Majesté le Sultan du Maroc, Roi de Fez, d'autre part, désirant cimenter, par la conclusion d'un traité, les bases de l'amitié et de la bonne intelligence entre la Belgique et le Maroc, afin que les sujets et commerçants des deux États soient reçus, honorés et protégés d'une égale manière, dans leurs possessions respectives, ont nommé, à cet effet, pour leurs plénipotentiaires, savoir : Sa Majesté le Roi des Belges, le sieur ERNEST DALUIN, son consul général à la côte occidentale d'Afrique, commandeur de nombre de l'Ordre d'Isabelle la Catholique; et Sa Majesté le Sultan du Maroc, le lettré SIDI EL HADJ ABD-EL-RHAMAN-EL-AAGI, son fidèle employé et ancien ambassadeur extraordinaire à Londres,

Lesquels, après s'être communiqué leurs pleins pouvoirs, sont convenus des articles suivants :

Art. 1er. — Il y aura paix perpétuelle et amitié constante entre les États de Sa Majesté le Roi des Belges et de Sa Majesté Chérifienne, et entre les citoyens des deux pays.

Art. 2. — Les agents diplomatiques et consulaires du Roi des Belges et les sujets belges, leur commerce et leurs navires

12

jouiront, dans l'empire du Maroc, de tous les avantages qui ont été ou qui, par la suite, seraient accordés à la nation la plus favorisée.

Et réciproquement, les agents diplomatiques et consulaires du Sultan du Maroc et les sujets marocains, leur commerce et leurs navires jouiront, dans le royaume de Belgique, de tous les avantages qui ont été ou qui, par suite, seraient accordés à la nation la plus favorisée.

Art. 3. — Le présent traité sera mis en vigueur, s'il plaît à Dieu, après avoir été ratifié et les ratifications en seront échangées dans le plus bref délai possible.

En foi de quoi, les plénipotentiaires ont signé le présent traité et y ont apposé leur sceau.

Fait en double original, en français et en arabe, à Tanger, la protégée de Dieu, le 2e jour de la lune de Rejid, l'an de l'hégire 1278, qui correspond au 4 du mois de janvier 1862 de l'ère chrétienne.

(Signatures) Ernest Daluin.

L'esclave de Dieu, El Hadj Abd-el-Rhaman-el-Aagi, fils de Mahomet-el-Aagi.

Traité entre la Belgique, l'Autriche, l'Espagne, les États-Unis, la France, l'Italie, les Pays-Bas, le Portugal et le royaume de Suède et de Norwège, d'une part, et le Sultan du Maroc et de Fez d'autre part, pour l'érection et l'entretien d'un phare au cap Spartel.

Au nom de Dieu unique. Il n'y a de force et de puissance qu'en Dieu.

Sa Majesté le Roi des Belges, Sa Majesté l'Empereur d'Autriche, roi de Hongrie et de Bohême, Sa Majesté la Reine d'Espagne, Son Excellence le Président de la République des États-Unis d'Amérique, Sa Majesté l'Empereur des Français, Sa Majesté le Roi d'Italie, Sa Majesté le Roi des Pays-Bas, Sa Majesté le Roi du Portugal et des Algarves, Sa Majesté le Roi de Suède et de Norwège,

Et Sa Majesté le Sultan du Maroc et de Fez, animés d'un égal désir d'assurer la sécurité de la navigation sur les côtes du Maroc, et voulant pourvoir, d'un commun accord, aux mesures les plus propres à atteindre ce but, ont résolu de conclure une convention spéciale et ont à cet effet nommé pour leurs plénipotentiaires, savoir :

Sa Majesté le Roi des Belges, le sieur Ernest Daluin, chevalier de son Ordre de Léopold etc., etc. ; son consul général à la côte occidentale d'Afrique ;

Sa Majesté l'Empereur d'Autriche, Roi de Hongrie et de Bohême, sir John Hay Drummond Hay, commandeur du très honorable ordre du Bain, son agent général *ad interim* près Sa Majesté le Sultan du Maroc ;

Sa Majesté la Reine d'Espagne, don FRANCISCO MERRO Y COLON, etc., etc.; son ministre résident près Sa Majesté le Sultan du Maroc;

Son Excellence le Président de la République des États-Unis d'Amérique, le sieur JESSE HARLAND ME MATH. ESQUIRE, son consul général près Sa Majesté le Sultan du Maroc;

Sa Majesté l'Empereur des Français, le sieur AUGUSTE LOUIS VICTOR, baron AIMÉ D'AQUIM, officier de la Légion d'Honneur, etc., etc.; son ministre plénipotentiaire près Sa Majesté le Sultan du Maroc;

Sa Majesté la Reine du Royaume-Uni de la Grande-Bretagne et d'Irlande, sir JOHN HAY DRUMMOND HAY, commandeur du très honorable ordre du Bain, son ministre résident près Sa Majesté le Sultan du Maroc;

Sa Majesté le Roi d'Italie, le sieur ALEXANDRE VERDINOIS, chevalier de son ordre des Saints Maurice et Lazare, agent et consul général d'Italie près Sa Majesté le Sultan du Maroc;

Sa Majesté le Roi des Pays-Bas, sir JOHN HAY DRUMMOND HAY, commandeur du très honorable ordre du Bain, gérant le consulat général des Pays-Bas au Maroc;

Sa Majesté le Roi du Portugal et des Algarves, le sieur JOSE DANIEL COLAÇO, commandeur de son ordre du Christ etc., etc.; son consul général près Sa Majesté le Sultan du Maroc;

Sa Majesté le Roi de Suède et de Norwège, le sieur SELIM D'EHRENHOFF, chevalier de son ordre, son consul général près Sa Majesté le Sultan du Maroc;

Et Sa Majesté le Sultan du Maroc et de Fez, le lettré SID MOHAMMED BARGASCH, son ministre des Affaires étrangères;

Lesquels, après avoir échangé leurs pleins pouvoirs, trouvés en bonne et due forme, sont convenus des articles suivants :

Art. 1er. — Sa Majesté Chérifienne ayant, dans un intérêt d'humanité, ordonné la construction aux frais du gouvernement marocain, d'un phare au cap Spartel, consent à remettre, pour toute la durée de la présente convention, la direction supérieure et l'administration de cet établissement aux représentants des puissances contractantes. Il est bien entendu que cette délégation ne porte aucune atteinte aux droits de propriété et de souveraineté du Sultan, dont le pavillon sera seul arboré sur la tour du phare.

Art. 2. — Le gouvernement marocain ne possédant actuellement aucune marine, soit de guerre, soit de commerce, les dépenses nécessaires pour l'entretien et l'administration du phare seront supportées par les puissances contractantes au moyen d'une contribution annuelle dont la quotité sera égale pour chacune d'elles. Si plus tard le Sultan venait à posséder une marine militaire ou marchande, il s'engage à prendre part aux dépenses dans la même proportion que les puissances signataires. Les frais de réparation et, au besoin, de reconstruction, seront d'ailleurs à sa charge.

Art. 3. — Le Sultan fournira, pour la sûreté du phare, une garde composée d'un caïd et de quatre soldats. Il s'engage en outre à pourvoir, par tous les moyens qui dépendent de lui, même en cas de guerre soit intérieure soit extérieure, à la conservation de cet établissement, ainsi qu'à la sécurité des gardiens et employés.

Art. 4. — Les représentants des puissances contractantes chargés en vertu de l'art. 1er de la présente convention, de la direction supérieure et de l'administration du phare, établiront les règlements nécessaires pour le service et la surveillance de cet établissement, et aucune modification ne pourra ensuite être apportée à ces règlements que d'un commun accord entre les puissances contractantes.

Art. 5. — La présente convention demeure en vigueur pendant dix années. Dans le cas où, six mois avant l'expiration de ce terme, aucune des hautes parties contractantes n'aurait, par une déclaration officielle, annoncé son intention de faire cesser, en ce qui la concerne, les effets de la convention, elle restera en vigueur pendant une année encore, et ainsi de suite, d'année en année, jusqu'à due dénonciation.

Art. 6. — L'exécution des engagements réciproques contenus dans la présente convention est subordonnée, en tant que besoin, à l'accomplissement des formalités et règles établies par les lois constitutionnelles de celles des hautes parties contractantes qui sont tenues d'en provoquer l'application, ce qu'elles s'obligent à faire dans le plus bref délai possible.

Art. 7. — La présente convention sera ratifiée, et les ratifications en seront échangées à Tanger, aussitôt que faire se pourra.

En foi de quoi, les plénipotentiaires respectifs l'ont signée et y ont apposé le cachet de leurs armes.

Fait en double original, en français et en arabe, à Tanger, la protégée de Dieu, le 5e jour de la lune de Moharem, l'an de l'Hégire 1282, qui correspond au 31e jour du mois de mai en l'année 1865.

(Signatures) E. DALUIN.
J. HAY DRUMMOND HAY.
F. MERRY Y GOLON.
JESSE H. ME MATH.
Bon AÏMÉ D'AQUIM.
J. HAY DRUMMOND HAY.
A. VERDINOIS.
J. HAY DRUMMOND HAY.
JOSE DANIEL COLAÇO.
S. D'EHRENHOFF.
SID MOHAMMED ARGASH.

Convention de Madrid de 1880 (1)

Sa Majesté le Roi des Belges; Sa Majesté l'Empereur d'Allemagne, Roi de Prusse; Sa Majesté l'Empereur d'Autriche, Roi de Hongrie; Sa Majesté le Roi de Danemark; Sa Majesté le Roi d'Espagne; Son Excellence le Président des États-Unis d'Amérique; Son Excellence le Président de la République Française; Sa Majesté la Reine du Royaume-Uni de Grande-Bretagne et d'Irlande; Sa Majesté le Roi d'Italie; Sa Majesté le Sultan du Maroc; Sa Majesté le Roi des Pays-Bas; Sa Majesté le Roi de Portugal et des Algarves; Sa Majesté le Roi de Suède et de Norwège,

Ayant reconnu la nécessité d'établir sur des bases fixes et uniformes l'exercice du droit de protection au Maroc, et de régler certaines questions qui s'y rattachent, ont nommé pour leurs plénipotentiaires à la Conférence qui s'est réunie à cet effet à Madrid, savoir :

Sa Majesté le Roi des Belges, M. ÉDOUARD ANSPACH, officier de son ordre de Léopold, etc., etc; son envoyé extraordinaire et ministre plénipotentiaire près Sa Majesté Catholique;

Sa Majesté l'Empereur d'Allemagne, Roi de Prusse, M. le comte EBERHARDT DE SOLMS-SONNEWALDE, commandeur

(1). En 1887, Mouley-Hassan a demandé la réunion d'une nouvelle conférence pour reviser cette convention qui faisait, d'après lui, une part trop large au droit de protection des nations européennes. L'Espagne, dans l'espoir de compensations territoriales, accepta; les autres puissances refusèrent. La convention de Madrid forme encore aujourd'hui la base de la condition statutaire des étrangers au Maroc.

de première classe de son ordre de l'Aigle Rouge avec feuilles de chêne, chevalier de la Croix de Fer, etc., etc.; son envoyé extraordinaire et ministre plénipotentiaire près Sa Majesté Catholique;

Sa Majesté l'Empereur d'Autriche, Roi de Hongrie, M. le comte Emmanuel Ludolf, son conseiller intime et actuel, grand'croix de l'ordre impérial de Léopold, chevalier de première classe de l'ordre de la Couronne de Fer, etc., etc.; son envoyé extraordinaire et ministre plénipotentiaire près Sa Majesté Catholique;

Sa Majesté le Roi d'Espagne, don Antonio Canovas de Castillo, chevalier de l'ordre insigne de la Toison d'Or, etc., etc.; président de son Conseil des ministres;

Son Excellence le Président des États-Unis d'Amérique, M. le général Lucius Fairchild, envoyé extraordinaire et ministre plénipotentiaire des États-Unis près Sa Majesté Catholique;

Son Excellence le Président de la République Française, M. le vice-amiral Jaurès, sénateur, commandeur de la Légion d'Honneur, etc., etc.; ambassadeur de la République Française près Sa Majesté Catholique;

Sa Majesté la Reine du Royaume-Uni de Grande-Bretagne et d'Irlande, l'honorable Lionel Sackville West, son envoyé extraordinaire et ministre plénipotentiaire près Sa Majesté Catholique; lequel est également autorisé à représenter le Roi de Danemark;

Sa Majesté le Roi d'Italie, M. le comte Joseph Greppi, grand-officier de l'ordre des Saints Maurice et Lazare, de celui de la Couronne d'Italie, etc., etc.; son envoyé extraordinaire et ministre plénipotentiaire près Sa Majesté Catholique;

Sa Majesté le Sultan du Maroc, le Taleb Sid Mohammed Vargas, son ministre des Affaires Étrangères et ambassadeur extraordinaire;

Sa Majesté le Roi des Pays-Bas, M. le Jonkheer Maurice de Heldewier, commandeur de l'ordre royal du Lion Néerlandais, chevalier de l'ordre de la Couronne du Chêne du Luxembourg, etc., etc.; son ministre résident près Sa Majesté Catholique ;

Sa Majesté le Roi de Portugal et des Algarves, M. le comte de Casa Ribeiro, Pair du Royaume, grand'croix de l'ordre du Christ, etc., etc., son envoyé extraordinaire et ministre plénipotentiaire près Sa Majesté Catholique ;

Sa Majesté le Roi de Suède et Norwège, M. Henri Akerman, commandeur de première classe de l'ordre de Wasa, etc., etc., son ministre résident près Sa Majesté Catholique ;

Lesquels, en vertu de leurs pleins pouvoirs, reconnus en bonne et due forme, ont arrêté les dispositions suivantes :

Art. 1er. — Les conditions dans lesquelles la protection peut être accordée sont celles qui sont stipulées dans les traités britannique et espagnol avec le gouvernement marocain et dans la convention survenue entre ce gouvernement, la France et d'autres puissances en 1863, sauf les modifications qui y sont apportées par la présente convention.

Art. 2. — Les représentants étrangers, chefs de missions, pourront choisir leurs interprètes et employés parmi les sujets marocains ou autres.

Ces protégés ne seront soumis à aucun droit, impôt ou taxe quelconque en dehors de ce qui est stipulé aux articles 12 et 13.

Art. 3. — Les consuls, vice-consuls ou agents consulaires chefs de poste qui résident dans les États du Sultan du Maroc ne pourront choisir qu'un interprète, un soldat et deux domestiques parmi les sujets du Sultan, à moins qu'ils n'aient besoin d'un secrétaire indigène.

Ces protégés ne seront soumis non plus à aucun droit, impôt ou taxe quelconque en dehors de ce qui est stipulé aux articles 12 et 13.

Art. 4. — Si un représentant nomme un sujet du Sultan à un poste d'agent consulaire dans une ville de la côte, cet agent sera respecté et honoré, ainsi que sa famille habitant sous le même toit, laquelle, comme lui-même, ne sera soumise à aucun droit, impôt ou taxe quelconque en dehors de ce qui est stipulé aux articles 12 et 13 ; mais il n'aura pas le droit de protéger d'autres sujets du Sultan en dehors de sa famille.

Il pourra toutefois, pour l'exercice de ses fonctions, avoir un soldat protégé.

Les gérants des vice-consulats sujets du Sultan, jouiront, pendant l'exercice de leurs fonctions, des mêmes droits que les agents consulaires sujets du Sultan.

Art. 5. — Le gouvernement marocain reconnaît aux ministres, chargés d'affaires et autres représentants, le droit, qui leur est accordé par les traités, de choisir les personnes qu'ils emploient, soit à leur service personnel, soit à celui de leurs gouvernements, à moins toutefois que ce ne soient des cheiks ou autres employés du gouvernement marocain, tels que les soldats de ligne ou de cavalerie, en dehors des Maghaznias préposés à leur garde. De même ils ne pourront employer aucun sujet marocain sous le coup de poursuites.

Il reste entendu que les procès civils engagés avant la protection se termineront devant les tribunaux qui en auront entamé la procédure. L'exécution de la sentence ne rencontrera pas d'empêchement. Toutefois l'autorité locale marocaine aura soin de communiquer immédiatement la sentence rendue à la légation, consulat ou agence consulaire dont relève le protégé.

Quant aux ex-protégés qui auraient un procès commencé avant que la protection eût cessé pour eux, leur affaire sera jugée par le tribunal qui en était saisi.

Le droit de protection ne pourra être exercé à l'égard des

personnes poursuivies pour un délit ou un crime, avant qu'elles aient été jugées par les autorités du pays et qu'elles aient, s'il y a lieu, accompli leur peine.

Art. 6. — La protection s'étend sur la famille du protégé. Sa demeure est respectée.

Il est entendu que la famille ne se compose que de la femme, des enfants et des parents mineurs qui habitent sous le même toit.

La protection n'est pas héréditaire. Une seule exception, déjà établie par la Convention de 1863, et qui ne saurait créer un précédent, est maintenue en faveur de la famille Benchimol.

Cependant, si le Sultan du Maroc accordait une autre exception, chacune des puissances contractantes aurait le droit de réclamer une concession semblable.

Art. 7. — Les représentants étrangers informeront par écrit le ministre des Affaires étrangères du Sultan du choix qu'ils auront fait d'un employé.

Ils communiqueront chaque année audit ministre une liste nominative des personnes qu'ils protègent ou qui sont protégées par leurs agents dans les États du Sultan du Maroc.

Cette liste sera transmise aux autorités locales, qui ne considéreront comme protégés que ceux qui y sont inscrits.

Art. 8. — Les agents consulaires remettront chaque année à l'autorité du pays qu'ils habitent une liste, revêtue de leur sceau, des personnes qu'ils protègent. Cette autorité la transmettra au ministre des Affaires étrangères afin que, si elle n'est pas conforme aux règlements, les représentants à Tanger en soient informés.

L'officier consulaire sera tenu d'annoncer immédiatement les changements survenus dans le personnel protégé de son consulat.

Art. 9. — Les domestiques, fermiers et autres employés

indigènes des secrétaires et interprètes indigènes ne jouissent pas de la protection. Il en est de même pour les employés ou domestiques marocains des sujets étrangers.

Toutefois, les autorités locales ne pourront arrêter un employé ou domestique d'un fonctionnaire indigène au service d'une légation ou d'un consulat, ou d'un sujet ou protégé étranger, sans en avoir prévenu l'autorité dont il dépend.

Si un sujet marocain au service d'un sujet étranger venait à tuer quelqu'un, à le blesser ou à violer son domicile, il serait immédiatement arrêté, mais l'autorité diplomatique ou consulaire sous laquelle il est placé serait avertie sans retard.

Art. 10. — Il n'est rien changé à la situation des censaux telle qu'elle a été établie par les traités et par la convention de 1863, sauf ce qui est stipulé relativement aux impôts, dans les articles suivants.

Art. 11. — Le droit de propriété est reconnu au Maroc pour tous les étrangers.

L'achat de propriété devra être effectué avec le consentement préalable du gouvernement (1), et les titres de ces propriétés seront soumis aux formes prescrites par les lois du pays.

Toute question qui pourrait surgir sur ce droit sera décidée d'après ces mêmes lois, avec l'appel au ministre des Affaires étrangères stipulé dans les traités.

Art. 12. — Les étrangers et les protégés propriétaires ou locataires de terrains cultivés, ainsi que les censaux adonnés à l'agriculture, paieront l'impôt agricole. Ils remettront chaque année à leur consul la note exacte de ce qu'ils possèdent, en acquittant entre ses mains le montant de l'impôt.

Celui qui fera une fausse déclaration paiera, à titre

(1) Qui le refuse généralement.

d'amende, le double de l'impôt qu'il aurait dû régulièrement verser pour les biens non déclarés. En cas de récidive, cette amende sera doublée.

La nature, le mode, la date et la quotité de cet impôt seront l'objet d'un règlement spécial entre les représentants des puissances et le ministre des Affaires étrangères de Sa Majesté Chérifienne.

Art. 13. — Les étrangers, les protégés et les censaux propriétaires de bêtes de somme paieront la taxe dite des portes. La quotité et le mode de perception de cette taxe, commune aux étrangers et aux indigènes, seront également l'objet d'un règlement spécial entre les représentants des puissances et le ministre des Affaires étrangères de Sa Majesté Chérifienne.

Ladite taxe ne pourra être augmentée sans un nouvel accord avec les représentants des puissances.

Art. 14. — La médiation des interprètes, secrétaires indigènes ou soldats des différentes légations ou consulats, lorsqu'il s'agira de personnes non placées sous la protection de la légation ou du consulat, ne sera admise qu'autant qu'ils seront porteurs d'un document signé par le chef de mission ou par l'autorité consulaire.

Art. 15. — Tout sujet marocain naturalisé à l'étranger qui reviendra au Maroc devra, après un temps de séjour égal à celui qui aura été régulièrement nécessaire pour obtenir la naturalisation, opter entre sa soumission entière aux lois de l'Empire et l'obligation de quitter le Maroc, à moins qu'il ne soit constaté que la naturalisation étrangère a été obtenue avec l'assentiment du gouvernement marocain.

La naturalisation étrangère acquise jusqu'à ce jour par des sujets marocains suivant les règles établies par les lois de chaque pays, leur est maintenue pour tous ses effets sans restriction aucune.

Art. 16. — Aucune protection irrégulière ni officieuse ne pourra être accordée à l'avenir. Les autorités marocaines ne reconnaîtront jamais d'autres protections, quelle que soit leur nature, que celles qui sont expressément arrêtées dans cette convention.

Cependant l'exercice du droit consuétudinaire de protection sera réservé aux seuls cas où il s'agirait de récompenser des services signalés rendus par un Marocain à une puissance étrangère, ou pour d'autres motifs tout à fait exceptionnels. La nature des services et l'intention de les récompenser par la protection seront préalablement notifiées au ministre des Affaires étrangères à Tanger, afin qu'il puisse, au besoin, présenter ses observations ; la résolution définitive restera néanmoins réservée au gouvernement auquel le service aura été rendu. Le nombre de ces protégés ne pourra dépasser celui de douze par puissance, qui reste fixé comme maximum, à moins d'obtenir l'assentiment du Sultan.

La situation des protégés qui ont obtenu la protection en vertu de la coutume désormais réglée par la présente disposition sera, sans limitation du nombre pour les protégés actuels de cette catégorie, identique pour eux et pour leurs familles à celle qui est établie pour les autres protégés.

Art. 17. — Le droit au traitement de la nation la plus favorisée est reconnu par le Maroc à toutes les puissances représentées à la Conférence de Madrid.

Art. 18. — La présente convention sera ratifiée. Les ratifications seront échangées à Tanger dans le plus bref délai possible.

Par le consentement exceptionnel des Hautes Parties contractantes, les dispositions de la présente convention entreront en vigueur à partir du jour de la signature à Madrid.

En foi de quoi, les plénipotentiaires respectifs ont signé la présente convention et y ont apposé le sceau de leurs armes.

Fait à Madrid, en treize exemplaires, le trois juillet mil huit cent quatre-vingt.

(*Signatures*) ANSPACH.
GR. E. SOLMS.
E. LUDOLF.
A. CANOVAS DEL CASTILLO.
LUCIUS FAIRCHILD.
JAURÈS.
L. S. SACKVILLE WEST.
GREPPI.
MOHAMMED VARGAS.
HELDEWIER.
CASAL RIBEIRO.
AKERMAN.

Les ratifications du traité ont été échangées entre la Belgique et le Maroc à Tanger, le 1er mai 1881. Le traité a paru au *Moniteur* du 14 mai suivant.

Règlement concernant le droit des portes (article 13 de la Convention de Madrid) concerté entre Sid Mohammed Torres, Ministre des Affaires Étrangères de Sa Majesté Chérifienne, Sid Abdelkrim Brisha, Envoyé spécial de Sa Majesté Chérifienne, et les Représentants des autres Puissances signataires de la Convention de Madrid ; et destiné à remplacer les paragraphes 10 à 17 du règlement du 30 mars 1881.

Art. 1er. — Le droit des portes ne sera payé qu'une fois.

Art. 2. — Pour les marchandises *expédiées d'une ville à une autre,* ce droit sera payé contre délivrance d'un récépissé à la sortie de la ville de départ.

Art. 3. — Les marchandises et produits *de la campagne* paieront le droit des portes en entrant en ville sans délivrance de récépissé; mais si les produits sont destinés à un autre endroit qu'à la première ville où ils entrent, l'administrateur du droit des portes délivrera un récépissé à l'entrée de cette première ville.

Art. 4. — A l'exception du cas mentionné dans l'article précédent, le paiement du droit des portes ne se fera que contre délivrance d'un récépissé.

Le récépissé devra être gardé par le muletier pour être exhibé dans les villes qu'il traversera, à la demande de l'autorité compétente. Le muletier devra le remettre à l'administrateur du droit des portes à l'entrée de la ville de destination.

Le récépissé aura la forme suivante :

" Il s'est présenté avec (nombre) charges de (chameau,

cheval, mule, âne) ; il a payé le droit des susdites charges soit (nombre de réaux), et il n'est plus tenu à aucun paiement pour les dites charges. „

(Endroit). (Date).

Signature de l'adel et cachet de l'administrateur.

Le récépissé servira de preuve que le droit a été payé.

Art. 5. — Les droits seront payés, au choix de celui qui les acquitte, en monnaie espagnole ou en monnaie hassani, mais les fractions inférieures à un réal pourront être payées en blanquillos, d'après le cours de l'endroit du paiement.

Art. 6. — On paiera :

par charge de chameau	6 réaux.
„ „ „ cheval ou de mule,	4 „
„ „ d'âne	2 „

Art. 7. — Les marchandises et produits de la campagne (art. 3) paieront :

par charge de chameau	4 réaux
„ „ „ cheval ou de mule,	2 „
„ „ d'âne	1 réal.

Art. 8. — Les céréales, quelles qu'elles soient, paieront :

par charge de chameau	2 réaux.
„ „ „ cheval ou de mule,	1 réal.
„ „ d'âne	1/2 „

Art. 9. — L'alfa, la feuille de palmier nain et les fruits frais paieront :

par charge de chameau	3/4 de réal.
„ „ „ cheval ou de mule,	1/2 réal.
„ „ d'âne	1/4 de réal.

Art. 10. — La paille, l'herbe, la racine de palmier pour les fours des villes, le charbon de bois et tous les légumes frais ne paieront aucun droit.

Art. 11. — Pour les marchandises destinées à Rabat et à

Saffi, qui sont débarquées à cause du mauvais temps, à Casablanca pour Rabat, à Mazagan ou à Mogador pour Saffi, le droit des portes sera payé à la sortie de la ville de débarquement par le négociant qui réexpédiera la marchandise à sa véritable destination. Le négociant recevra des administrateurs du port de débarquement, un récépissé spécifiant le nombre des charges arrivées en destination de Rabat ou de Saffi. Les commerçants de ces deux villes auxquelles les marchandises sont destinées, auront le droit d'en réexpédier le même nombre de charges sans rien payer contre présentation du récépissé des administrateurs du port de débarquement.

Art. 12. — Les administrateurs du droit des portes ont la faculté d'ouvrir les charges sur le contenu desquelles ils auraient des doutes, mais il est entendu qu'ils l'exerceront sans vexation inutile.

Art. 13. — Les administrateurs du droit des portes qui ne se conformeront pas strictement à ce règlement, principalement aux prescriptions de l'article précédent, seront punis par le gouvernement marocain.

Art. 14. — La taxe des portes ne pourra être augmentée sans nouvel accord entre Sa Majesté Chérifienne et les Puissances signataires de la Convention de Madrid.

Tanger, le 2 juin 1896.

(Signatures) Bussche, pour l'Allemagne et les Pays-Bas.
Urmenyi, pour l'Autriche-Hongrie.
Ed. Anspach, pour la Belgique et le Portugal.
Emilio de Ojeda, pour l'Espagne.
J. Judson Barclay, pour les États-Unis d'Amérique.

Monbel, pour la France.

Nicolson, pour la Grande-Bretagne et l'Irlande.

J. Malmusi, pour l'Italie.

Mohammed ben el Arbi Torres.

Abdelkrim Brisha.

BIBLIOGRAPHIE

1° Recueils bibliographiques

Sir R. L. Playfair and R. Brown. — *Bibliography of Morocco*, London 1892.

H. M. P. de la Martinière. — *Bibliography of Morocco from 1844 to 1887*, appendice au volume *Morocco : journeys to the Kingdom of Fez and to the court of Muley-Hassan*, édition anglaise, Londres 1889. — Bibliographie au mot *Maroc* de la *Grande Encyclopédie*, Paris (en cours de publication).

2° Sources

a) Sources officielles :

Rapports consulaires belges parus au *Recueil consulaire* (Whetnall, Daluin, Anspach, Sicsu, Nahon, Sévérac, Clarembaux, etc.).

Tableau du Commerce de la Belgique, publié par le Ministère des Finances.

Annales Parlementaires.

Bulletin International des Douanes, organe de l'Union Internationale pour la publication des Tarifs douaniers.

Le Moniteur Belge (mission Daluin, 5 octobre 1866).

Foreign Office Reports. Annual Series. London. (Herbert C. White ; C. F. Cromie, etc.).

The Board of Trade Journal, edited by the Commercial Department of the Board of Trade.

b) Sources non officielles :

Oscar Lentz. — *Timbuktu.* Leipzig 1884.

Edmondo de Amicis. — *Marocco.* Milan 1878.

Gabriel Charmes. — *Une ambassade au Maroc.* Paris 1887.

Charles Yriarte. — *Souvenirs du Maroc.*

Edmond Picard. — *El Moghreb al Aksa.* Bruxelles 1893.

Lord Meath. — *A land of incredible Barbarity,* " Nineteenth Century „, juillet 1894.

Ludovic de Campou. — *Un Empire qui croule : le Maroc contemporain.* Paris 1886.

Drummond Hay. — *Western Barbary.* Londres 1891. — *Morocco and the Moors.* Londres. — *Memoir, completed by his daughters.*

G. Montbard. — *A travers le Maroc.* Paris.

Arthur de Ganniers. — *Le Maroc d'aujourd'hui, d'hier et de demain.* Paris 1894.

Roland Fréjus. — *Relation d'un voyage fait en Mauritanie, en Afrique, en l'année 1666.* Paris.

Gerhardt Rohlfs. — *Reise durch Marokko.* Brême 1868. — *Land und Volk in Afrika.* Brême 1870. — *Mein erster Aufenthalt in Marokko.* Brême 1873.

R. B. Cunninghame Graham. — *Moghreb-al-Acksa.* Londres 1898.

Hooker and Ball. — *Journal of a tour in Morocco.* Londres.

Colville. — *A Ride in petticoats and slippers.*

Trotter. — *Our mission to the Court of Morocco.* Édimbourg 1881.

Heinrich von Maltzan. — *Drei Jahre im Nordwesten von Afrika : reisen in Algerien und Marokko.* Leipzig 1869.

Leared. — *Morocco and the Moors.*

Stutfield. — *El Moghreb.* Londres 1886.

Harris. — *The land of an African Sultan : travels in Morocco.*

THOMSON. — *Travels in the Atlas and Southern Morocco.* Londres 1889.

DE FOUCAULD. — *Reconnaissance au Maroc.* Paris 1888.

WATSON. — *A visit to Wazan.* Londres 1880.

MAW. — *Geology of Morocco and Great Atlas.*

JOURNAUX :

The Times (Londres), *Le Temps* (Paris), *The Review of Reviews* (Londres), *Das Export,* organe du " Centralverein für Handelsgeographie ", *Das Echo* (Berlin), organe des Allemands établis à l'étranger, etc. Les journaux marocains, publiés en anglais et en français à Tanger, n'ont aucune signification.

3° Travaux

ANNUAIRES :

SCOTT KELTIE. — *The Statesman's Year Book.* Londres.

HÜBNER et VON JURASCHEK. — *Geographisch-statistische Tabellen.* Francfort.

GRENIER. — *Répertoire des faits politiques, sociaux, économiques et généraux.* Paris (1896 et 1897).

RECUEILS DE TRAITÉS :

GARCIA DE LA VEGA. — *Recueil de traités et conventions conclus par la Belgique avec les pays étrangers.*

VAN ORTROY. — *Conventions internationales définissant les limites actuelles des possessions, protectorats et sphères d'influence en Afrique.* Bruxelles 1898.

Sir E. HERTSLET. — *Treaties of commerce and navigation between Great Britain and Foreign Countries.* London. — *The Map of Africa by Treaty.* Londres 1897.

SCOTT KELTIE. — *The Partition of Africa.* Londres 1895.

TRAVAUX GÉOGRAPHIQUES, HISTORIQUES, ETC. :

ÉLISÉE RECLUS. — *Géographie Universelle. L'Afrique Septentrionale,* II. Paris 1886.

HOROWITZ. — *Marokko : das Wesentlichste und Interessanteste über Land und Leute.* Leipzig 1887.

DUBOIS et KERGOMARD. — *Géographie économique.* Paris 1897.

Dr DIERCKX. — *Marokko ; Materialien zur Kenntniss und Beurteilung des Sheriffenreiches.* Berlin 1894. — *Marokko und die Deutschen Interessen.* Berlin 1893.

Dr CARL JUSTI. — *Contribution à l'histoire des arts en Espagne.*

JULES DUVAL. — *La question du Maroc.* " Revue des Deux-Mondes ", décembre 1859.

MARCEL PAISANT. — *Le Maroc et les puissances européennes.* " Revue Encyclopédique ", 1894.

W.-B. HARRIS. — *The Morocco question and the War.* " National Review ", septembre 1898.

WAHL. — Article *Algérie* dans le *Dictionnaire du Commerce, de l'Industrie et de la Banque* (régime commercial et douanier). Ouvrage en cours de publication.

EDMOND PLAUCHUT. — *Les Anglais au Maroc.* " Revue des Deux-Mondes ", 15 juin 1893.

TISSOT. — *Recherches sur la géographie comparée de la Mauritanie Tingitane.*

VALBERT. — *Le Maroc et la politique européenne à Tanger.* " Revue des Deux-Mondes ", 1er décembre 1884.

FRISCH. — *Le Maroc.* Paris 1895.

HENRI MARTEL. — *Le développement commercial de la Belgique avec les pays étrangers,* 1894 et 1897.

TORRES CAMPOS. — *L'Espagne en Afrique.* " Revue de Droit international et de législation comparée ", 1892, no 5. (Donne une bibliographie assez étendue des ouvrages espagnols relatifs au Maroc.)

Addenda. — On consultera également avec fruit :

JULES LECLERCQ. — *De Mogador à Biskra, Maroc et Algérie.* Paris, Challamel 1881.

ROUARD DE LA CARD. — *Traités entre la France et le Maroc.* Paris, Pedone 1898.

L. KRYSZANOWSKI. — *Le Maroc français.* " Revue des Questions diplomatiques et coloniales „. 15 novembre 1899.

Errata. — Page 15, ligne 3; lisez *située* au lieu de *situé*.
„ ligne 27; lisez *trouvent* au lieu de *trouve.*
Page 147, ligne 5; lisez *Rarement elles ont été* au lieu de *Jamais encore elles n'ont été.*

TABLE DES MATIÈRES

Pages

CHAPITRE Ier. — *Le pays et ses habitants* 5

CHAPITRE II. — *Grandeur et décadence* 20

CHAPITRE III. — *Le présent* 38

CHAPITRE IV. — *L'avenir*. 68

CHAPITRE V. — *Les convoitises européennes*. . . 76

CHAPITRE VI. — *L'Espagne ; sa politique, son commerce* 82

CHAPITRE VII. — *La France ; sa politique, son commerce* 91

CHAPITRE VIII. — *L'Allemagne ; sa politique, son commerce*. 101

CHAPITRE IX. — *L'Angleterre ; sa politique, son commerce*. 109

CHAPITRE X. — *La Belgique ; sa politique, son commerce*. 123

CHAPITRE XI. — *Comparaisons et conclusions* . . 155

APPENDICE.

Traité d'amitié, de commerce et de navigation entre la Belgique et le Maroc 181

Traité entre la Belgique, l'Autriche, l'Espagne, les États-Unis, la France, l'Italie, les Pays-Bas, le Portugal et le royaume de Suède et de Norwège, d'une part, et le Sultan du Maroc et de Fez d'autre part, pour l'érection et l'entretien d'un phare au cap Spartel 183

Convention de Madrid de 1880 187

Règlement concernant le droit des portes (art. 13 de la Convention de Madrid) concerté entre Sid Mohammed Torres, ministre des Affaires Étrangères de S. M. Chériffienne, Sid Abdelkrim Brisha, Envoyé spécial de S. M. Chériffienne, et les Représentants des autres Puissances signataires de la Convention de Madrid ; et destiné à remplacer les §§ 10 à 17 du règlement du 30 mars 1881 . . . 196

Bibliographie 201

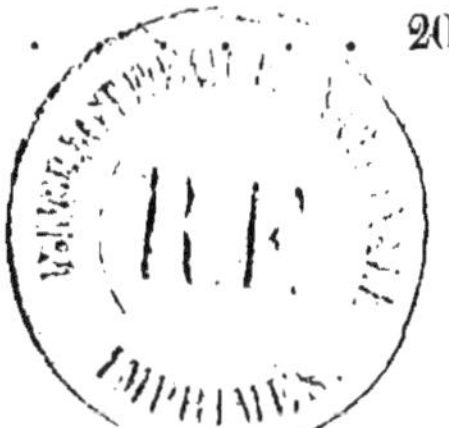

EN LIBRAIRIE :

SOUS PRESSE :

Louvain. — Imp. Polleunis & Ceuterick, rue des Orphelins, 30.

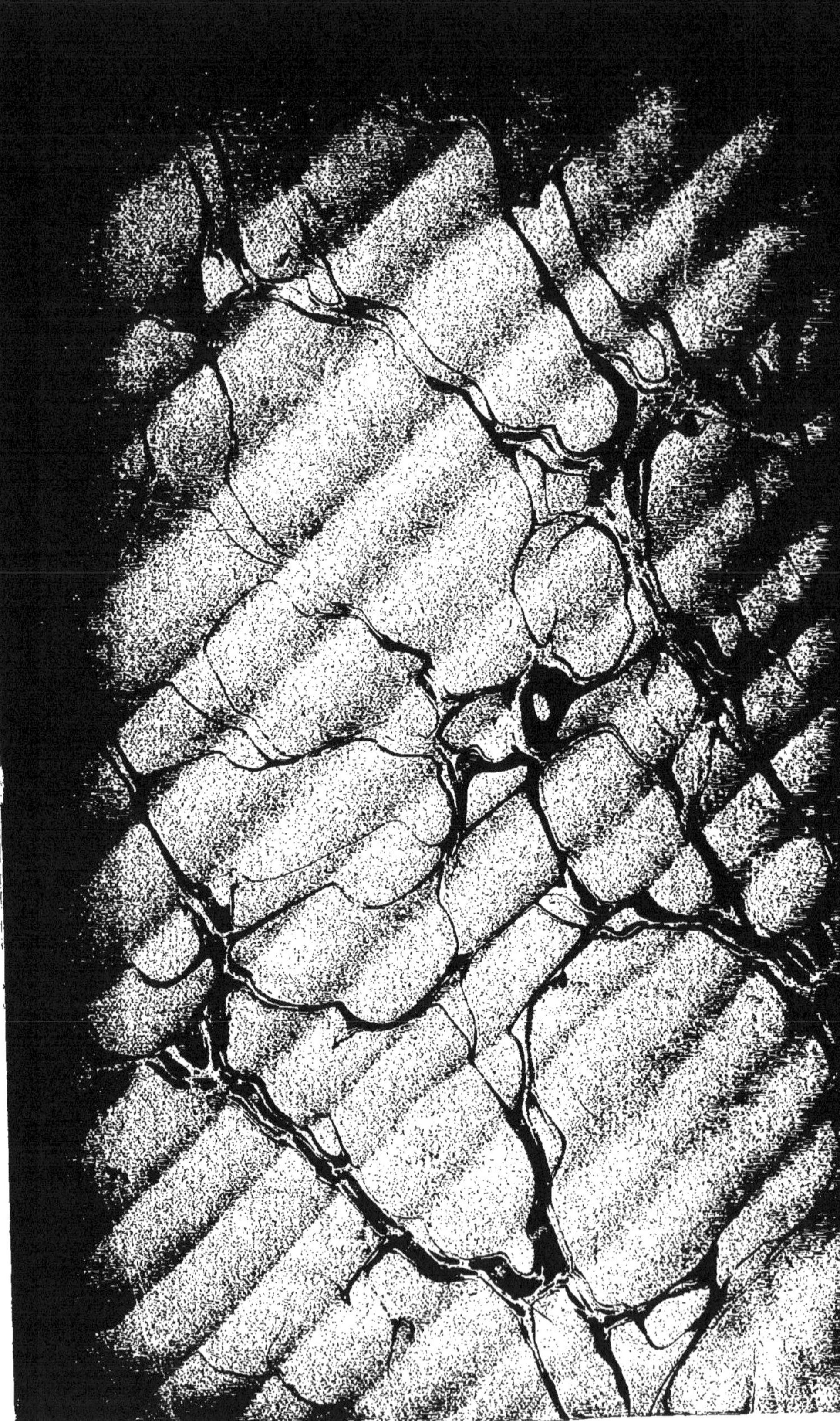

www.ingramcontent.com/pod-product-compliance
Ingram Content Group UK Ltd.
Pitfield, Milton Keynes, MK11 3LW, UK
UKHW020212250726
13967UKWH00003B/1431

9 782012 870406